French Speaking Activities

Fun Ways to Get KS3 Pupils to Talk to Each Other in French

Sinéad Leleu

Brilliant
PUBLICATIONS

Publisher's information

We hope you and your pupils enjoy the activities in this book. Brilliant Publications publishes many other books for teaching modern foreign languages. To find out more details on any of our titles please log onto our website: www.brilliantpublications.co.uk.

Chantez Plus Fort!	978-1-903853-37-5
12 Petites Pièces à Jouer	978-1-905780-77-8
French Festivals and Traditions KS3	978-1-905780-80-8
French Pen Pals Made Easy KS3	978-0-85747-140-6
Hexagonie, Year 7	978-1-905780-38-9
Hexagonie, Year 8	978-1-905780-39-6
Unforgettable French	978-1-905780-54-9

Published by Brilliant Publications
Unit 10,
Sparrow Hall Farm,
Edlesborough,
Dunstable,
Bedfordshire,
LU6 2ES

Website: www.brilliantpublications.co.uk

Tel: 01525 222292
Fax: 01525 222720

The name 'Brilliant Publications'
and the logo are registered trade marks.

Written by Sinéad Leleu
Illustrated by Frank Endersby
Cover illustration by Emily Skinner
Printed in the UK

© 2010 Sinéad Leleu (text); Brilliant Publications (design and layout)
Printed ISBN: 978-1-905780-67-9
ebook ISBN: 978-0-85747-131-4
First published 2011
10 9 8 7 6 5 4 3 2 1

The right of Sinéad Leleu to be identified as the author of this work has been asserted by herself in accordance with the Copyright, Design and Patents Act 1988.

Pages 9–24, 26–49, 51–57, 59–69, 71–75, and 77–85 are photocopiable. These pages have the phrase 'This page may be photocopied for use by the purchasing institution only' written at the bottom of each. They may be photocopied by the purchasing institution or individual teachers for classroom use only, without consent from the publisher and without declaration to the Publishers Licensing Society. The material in this book may not be reproduced in any other form or for any other purpose without the prior permission of the publisher.

Contents

Introduction — 5

Les sondages/Surveys — 8–24

Comment ça va?	How are you?	9
Comment tu t'appelles?	What's your name?	10
Les animaux	Animals	11
Les mois	Months	12
Les couleurs	Colours	13
Les boissons	Drinks	14
La nourriture	Food	15
Les glaces	Ice-cream	16
Les transports	Transport	17
Les jours	Days	18
Le sport 1	Sports 1	19
Le sport 2	Sports 2	20
L'heure	Time	21
Les chanteurs	Singers	22
Les matières	School subjects	23
Les films	Films	24

Les jeux de rôle/Role-plays — 25–49

Les salutations 1	Greetings 1	26
Les salutations 2	Greetings 2	27
Présenter la famille	Introducing the family	28
La récréation 1	Playtime 1	29
La récréation 2	Playtime 2 ●	30
Être*	To be ●	31
Offrir un cadeau d'anniversaire	Give a birthday present	32
Avoir*	To have ●	33
Le corps 1*	The body 1	34
Le corps 2*	The body 2	35
Au marché*	At the market	36
Au café	At the café	37
Prendre le goûter	Have a snack	38
Le temps et les vêtements 1*	Weather and clothes 1 ●	39
Le temps et les vêtements 2*	Weather and clothes 2 ●	40
Star Académie	Star Academy ●	41–42
À la plage	At the beach ●	43
À la boulangerie	At the bakery	44
Au parc d'attraction	At the amusement park	45
Interview avec une star de cinéma	Interview with a movie star	46
L'invité(e) timide	The shy guest ●	47–48
Vingt questions!	20 questions ●	49

● more challenging activities   * Answers to these pages are on 86–87

© Sinéad Leleu and Brilliant Publications — French Speaking Activities KS3

Les expositions/Presentations 50–57

Ma recette de pizza! 1*	My pizza recipe! 1*	● 51
Ma recette de pizza! 2	My pizza recipe! 2	● 52
En route pour l'école	On the way to school	53
Bienvenue dans notre école!	Welcome to our school!	54
Mon ami(e)	My friend	55
Je me présente	Let me introduce myself	● 56
Ma recette de milkshake	My milkshake recipe	57

Les QCM (Questionnaires à Choix Multiple)/
Quizzes/Multiple-choice questions 58–69

Les animaux – Qui suis-je?*	Animals – Who am I?*	● 59–60
Les couleurs*	Colours	61
Les vacances*	Holidays	● 62–63
L'environnement	The environment	● 64–65
Les pays et les villes*	Countries and cities	66
Les noms*	Nouns	67
La ville *	The town	● 68
Le ménage	Housework	● 69

Faire des phrases/Making sentences 70–75

Les animaux	Animals	71
Le temps et les vêtements	Weather & clothes	72
Les verbes 1	Verbs	73
Les verbes 2	Verbs	74
Les matières	School subjects	75

Les jeux/Games 76–85

Les émotions et les sentiments 1	Emotions 1	77
Les émotions et les sentiments 2	Emotions 2	78
À manger, j'aime	Food, I like	79
La salle de classe	The classroom	80
Qui suis-je? 1	Who am I? 1	81
Qui suis-je? 2	Who am I? 2	● 82–85

Réponses aux pages marquées avec* Answers to pages marked with* 86–89

● More challenging activities

Introduction

One of the main aims of children learning a modern foreign language is to enable them to communicate in that foreign language. Due to various factors, such as large class size, lack of time or teacher fluency, this is easier said than done, in particular, where oral communication is concerned. *French Speaking Activities* contains over 50 fun ways to get pupils to talk to each other in French. It consists of user-friendly photocopiable activities that facilitate oral communication. The activities encourage pupils to practise speaking autonomously, leading to more pupil speaking time and less teacher speaking time. Pupils also get to practise reading and writing along the way.

Teacher tips

Surveys (Pages 8–24)

- It is imperative that pupils have already been introduced to the theme/ key language points of the survey. Use *French Speaking Activities* to practise coursework, not replace it.

- Before giving out copies of the survey to each pupil, explain exactly what is expected of them, for example:
  - Must they only use French?
  - Are they allowed to circulate?
  - Must they use full answers / a tick / a 'cross' etc?

- Hand out the survey sheets and read through it with the pupils.

- Demonstrate with a pupil.

- As pupils complete their surveys, you can move around the class to help and/or observe.

- As an extension activity, individual pupils could report back their 'findings', eg *Alex joue au foot. Sam joue au basket. David joue au tennis* etc.

- A teacher-led class survey could also be done at the end. This could be done on a chart on the board, eg *Combien de personnes jouent au foot? Combien de personnes jouent au basket?*

Role-plays (Pages 25–49)

- It is imperative that pupils have already been introduced to the theme/key language points of the role-play.

- Before giving out the copies of the activity to each pupil, explain the context of the role-play and exactly what is expected of the pupils, eg work in pairs or groups, act out the role-play for the class etc.

- Hand out the role-play activity and read through it with the pupils.

- If there is a task, such as filling in blanks or matching words to pictures, allow the pupils to work on this in their pairs or groups. Correct this before they begin preparing their role-play.

- Give the pupils a fixed time to prepare, but be flexible if pupils obviously need more or less time.

- As the pupils practise, you can move around the class.

- If some pairs/groups finish practising early, get them to reverse roles.

- If the pupils are performing for the class, use filming terms, such as 'Action!' and 'Coupé!' to make it more exciting.

- Do not correct mistakes during the performance and ensure that you praise effort.

Presentations (Pages 50–57)
- Introduce the theme/key language points of the presentation.

- Before giving out the photocopy to each pupil, explain exactly what is expected of them, eg Will all pupils be expected to speak in front of the class?

- Hand out copies of the presentation sheet and read through it with your pupils. Allow them at this stage to pencil in or circle if necessary.

- Give pupils time to complete and prepare their presentation, during which time you can circulate.

- Encourage pupils to read as little as possible when presenting to the class, particularly in the case of more confident pupils.

- Do not correct pupils during the presentation and, most importantly, ensure that you praise their efforts.

Quizzes/Multiple choice questions (Pages 58–69)
- Introduce the theme/key language points of the quiz.

- Before giving out the photocopy to each pupil, explain exactly what is expected of them, eg Must they do the quiz alone or in pairs? Must they do it themselves and/or on each other?

- Hand out copies of the quiz. Let the students know it is a quiz with 'right or wrong' answers, but you will not be giving the answers until the end!

- Once completed, correct the quiz with the entire class.

- As an extension activity, the quiz could be used as a role-play, eg a TV quiz show with a quiz master and a contestant.

Making sentences (Pages 70–75)
- Introduce the theme/key language points of the activity.

- Before giving out the sheet to each pupil, explain exactly what is expected of them, eg Do they have to cut out the words? Do they have to write out the sentences? Do they have to make a certain number of sentences?

- Hand out the photocopy and read through it with your pupils. Explain that most words can be used more than once.

- Give them some examples of sentences.

- This activity could predominantly be a reading and perhaps writing activity. However, pupils tend to be so proud of being able to produce whole sentences on their own that even weaker pupils like to share with the class.

Games (Pages 76–85)
- Introduce the theme/key language points of the game.

- Before giving out the sheet to each pupil, explain exactly how the game is played and if they need to complete blanks before beginning.

- Hand out a photocopy to each pupil and read through it with the class.

- If there are blanks to be filled in, give your pupils time to do this. Once completed, correct as a whole class.

- Demonstrate to your pupils how the game is played.

… And of course, have fun!

Les sondages

Les sondages	**Surveys**	
Comment ça va?	How are you?	9
Comment tu t'appelles?	What's your name?	10
Les animaux	Animals	11
Les mois	Months	12
Les couleurs	Colours	13
Les boissons	Drinks	14
La nourriture	Food	15
Les glaces	Ice-cream	16
Les transports	Transport	17
Les jours	Days	18
Le sport 1	Sports 1	19
Le sport 2	Sports 2	20
L'heure	Time	21
Les chanteurs	Singers	22
Les matières	School subjects	23
Les films	Films	24

Comment ça va?

Go around your classroom and ask your classmates their names and how they are.

	Comment t'appelles-tu?	Comment ça va?
1	Sam	Ça va bien! ☺
2		
3		
4		
5		
6		
7		
8		
9		
10		
11		
12		
13		
14		
15		
16		
17		
18		
19		
20		

Comment t'appelles-tu?

Je m'appelle Sam.

© Sinéad Leleu and Brilliant Publications
This page may be photocopied for use by the purchasing institute only.

French Speaking Activities KS3

Comment tu t'appelles?

Go around your classroom and ask your classmates their names, ages and where they live.

Comment t'appelles-tu?	Quel âge as-tu?	Où habites-tu?
1. David	12	Liverpool
2.		
3.		
4.		
5.		
6.		
7.		
8.		
9.		
10.		
11.		
12.		
13.		
14.		
15.		

Je m'appelle David.

J'ai douze ans.

Je habite à Liverpool.

Les animaux

Find out what animals your classmates have.

Est-ce que tu as ... ?   Oui, j'en ai.   Non, je n'en ai pas.

Nom	un chien	un chat	un lapin	un poisson rouge	un oiseau	un hamster	un cochon d'Inde	Autre

Est-ce que tu as un chien?

Oui, j'en ai un.

Est-ce que tu as un chat?

Non, je n'en ai pas.

© Sinéad Leleu and Brilliant Publications
This page may be photocopied for use by the purchasing institute only.

French Speaking Activities KS3

Les mois

Go around the class and find out in which month your classmates' birthdays are.

Quand est ton anniversaire?

Mon anniversaire est en ... .

janvier	février	mars
avril	mai	juin
juillet Lise	août	septembre
octobre	novembre	décembre

Quand est ton anniversaire?

Mon anniversaire est en juillet.

Les couleurs

Find out what is the favourite colour of eight people in your class.

Quelle est ta couleur préférée?   Ma couleur préférée est le ... .

Nom	bleu	rouge	violet	jaune	vert	rose	noir	blanc	marron
TOTAL									

Sur huit élèves, la couleur préférée est le _____ .

Les boissons

Find out what drinks your classmates like and dislike.

Est-ce que tu aimes ... ?   Oui, j'aime ... .   Non, je n'aime pas ... .

Nom	le lait	le jus d'orange	l'eau	le coca	la limonade	le chocolat chaud	le thé	le café
TOTAL								

Est-ce que tu aimes le jus d'orange?

Oui, j'aime le jus d'orange.

Non, je n'aime pas le jus d'orange.

French Speaking Activities KS3

© Sinéad Leleu and Brilliant Publications

This page may be photocopied for use by the purchasing institute only.

La nourriture

Find out what food your classmates like and dislike.

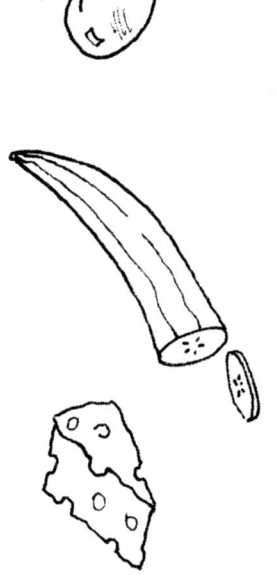

Est-ce que tu aimes ... ?   Oui, j'aime ... .   Non, je n'aime pas ... .

Nom	les tomates	les concombres	les haricots	les bananes	les pommes	le fromage	la glace	les bonbons

Est-ce que tu aimes les pommes?

Oui, j'aime les pommes!

Non, je n'aime pas les pommes!

Les glaces

Find out which flavour of ice-cream your classmates prefer.

Quelle est ta glace préférée?   La glace ... !

Nom	à la vanille	au chocolat	au caramel	à la menthe	à la fraise	menthe-chocolat	au café
TOTAL							

La glace préférée est la glace _____

> Quelle est ta glace préférée?

> La glace à la vanille!

Le transport

Find out how your classmates get to school.

Comment vas-tu à l'école?   Je vais à l'école ... .

Nom	à pied	en vélo	en voiture	en bus	en train

'La plupart d'élèves dans ma classe vont à l'école _____ .
(The majority of pupils in my class go to school by ... .)

Les jours

Find out which days your classmates like and dislike.

Quel est ton jour préféré?   Le vendredi.   Quel est ton jour le moins préféré?   Le lundi.

Nom	lundi	mardi	mercredi	jeudi	vendredi	samedi	dimanche

Quel est ton jour préféré?

Le vendredi.

Quel est ton jour le moins préféré?

Le lundi.

French Speaking Activities KS3

© Sinéad Leleu and Brilliant Publications
This page may be photocopied for use by the purchasing institute only.

Le sport 1

Find out from five of your classmates what ball sports they play.

Est-ce-que tu joue … ?   Oui, je joue … .   Non, je ne joue pas … .

Le sport	Nom				
au foot					
au rugby					
au tennis					
au cricket					
au basket					
au volley					
au golf					
au hockey					

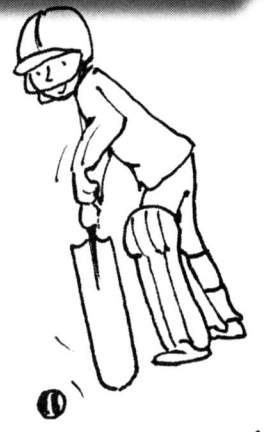

Le sport 2

Find out from five of your classmates what sports they do.

Est-ce-que tu fais ... ?   Oui, je fais ... .   Non, je ne fais pas ... .

Le sport	Nom				
de l'équitation					
de la dance					
de la gymnastique					
du vélo					
de la boxe					
de la natation					
du judo					
du karaté					

French Speaking Activities KS3

L'heure

Find out when your classmates get up in the mornings.

À quelle heure tu te lèves?   Je me lève à … .

Nom	6h30	6h45	7h	7h15	7h30	7h45	8h	8h15	8h30	8h45	9h
Auriéle						✔					

6h = six heures
7h = sept heures
8h = huit heures
9h = neuf heures
7h15 = sept heures et quart
7h30 = sept heures et demi
7h45 = huit heures moins le quart

Les chanteurs

Find out which singer or group is most popular within your class.

Qui est ton chanteur, ta chanteuse ou ton groupe préféré?

Nom	Chanteur/Chanteuse/Groupe

Complete the following sentences about yourself and read them out to the class.

Mon chanteur/Ma chanteuse préféré(e) est _____ .

Il/Elle est chouette/génial(e)/super.

J'adore sa chanson _____ .

Or
Mon groupe préféré est _____ .

Ils/Elles sont chouettes/géniaux/supers.

J'adore leur chanson _____ .

Vocabulaire
un élève .... pupil
chouette .... great
génial(e) .... brilliant
un chanteur .... a singer (male)
une chanteuse ...... a singer (female)
une chanson .... a song

Les matières

Find out from six classmates which subjects they like best. Answer 'Oui' or 'Non'.

Est-ce-que tu aimes … ?   Oui, j'aime … .   Non, je n'aime pas … .

Oui, j'aime le sciences.

Non, je n'aime pas le dessin.

Matières / Nom						
les maths						
l'anglais						
le français						
l'histoire						
la géographie						
les sciences						
le sport						
le dessin						
l'informatique						
l'éducation civique						

© Sinéad Leleu and Brilliant Publications

This page may be photocopied for use by the purchasing institute only.

French Speaking Activities KS3

Les films

Find out what types of film your classmates like.
More than one film-type can be chosen.

Tu aimes quel genre de film?   J'aime le genre ...

Genre/Nom					
comédie					
musical					
policier					
romantique					
horreur					
aventure					
animé					
fantaisie					

Now find out what is their favourite film.

Quel est ton film préféré?   Mon film préféré est ... .

Nom	nom du film

Les jeux de rôle

Les jeux de rôle	Role-plays	
Les salutations 1	Greetings 1	26
Les salutations 2	Greetings 2	27
Présenter la famille	Introducing the family	28
La récréation 1	Playtime 1	29
La récréation 2	Playtime 2	● 30
Être	To be	● 31
Offrir un cadeau d'anniversaire	Give a birthday present	32
Avoir	To have	● 33
Le corps 1	The body 1	34
Le corps 2	The body 2	35
Au marché	At the market	36
Au café	At the café	37
Prendre le goûter	Have a snack	38
Le temps & les vêtements 1	Weather & clothes 1	39
Le temps & les vêtements 2	Weather & clothes 2	● 40
Star Académie	Star Academy	● 41
A la plage	At the beach	● 43
A la boulangerie	At the bakery	44
Au parc d'attraction	At the amusement park	45
Interview avec un star de cinéma	Interview with a movie star	46
L'invité(e) timide	The shy guest	● 47
Vingt questions!	20 questions!	● 49

● More challenging activites

Les salutations 1

Meeting and greeting 1

In pairs, read and practise the conversation between Gabrielle and Alex.

Gabrielle:	Salut, Alex!
Alex:	Salut, Gabrielle!
Gabrielle:	Ça va?
Alex:	Ça va, merci. Et toi?
Gabrielle:	Ça va bien, merci.
Alex:	Salut!
Gabrielle:	Salut!

Now, in pairs, circle and fill in the gaps to help you make up your own 'meeting and greeting' conversation.

Elève 1: Salut, _____ !
(prénom)

Elève 2: Salut, _____ !
(prénom)

Elève 1: Ça va?

Elève 2: Ça va/Ça va bien/Ça va très bien, merci. Et toi?

Elève 1: Ça va/Ça va bien/Ça va très bien, merci.

Elève 2: Salut, _____ !
(prénom)

Elève 1: Salut, _____ !
(prénom)

Vocabulaire

Salut	Hi/bye	Ça va?	How are you?
Ça va	I'm OK	Ça va bien	I'm fine
Ça va très bien	I'm very well	Et toi?	How about you?
merci	thank you	prénom	first name
un élève	a pupil		

French Speaking Activities KS3

Les salutations 2

Meeting and greeting 2

In pairs, read and practise the conversation between Gwenola and Marc.

Gwenola:	Bonjour, Marc!
Marc:	Bonjour, Gwenola!
Gwenola:	Comment vas-tu?
Marc:	Je vais bien, merci. Et toi?
Gwenola:	Je vais très bien, merci.
Marc:	Au revoir, Gwenola!
Gwenola:	Au revoir, Marc!

In pairs, circle and fill in the gaps to help you make up your own 'meeting and greeting' conversation.

Elève 1:	Bonjour, _____ (prénom) !
Elève 2:	Bonjour, _____ (prénom) !
Elève 1:	Comment vas-tu?
Elève 2:	Je vais bien/très bien, merci. Et toi?
Elève 1:	Je vais bien/très bien, merci.
Elève 2:	Au revoir, _____ (prénom) !
Elève 1:	Au revoir, _____ (prénom) !

Vocabulaire

un élève	a pupil	Comment vas-tu?	How are you?
bonjour	hello	Je vais bien	I'm fine/well
au revoir	goodbye	Je vais très bien	I'm very well
merci	thank you	Et toi?	How about you?
prénom	first name		

Présenter la famille

You bump into a friend while out for a walk with your family. Use some of the following phrases to make up a conversation. In pairs or groups, act out the conversation. Use one or more phrases from each box.

Salut   Bonjour

Ça va?   Ça va bien, merci.   Et toi?

Voici ma mère   Voici mon père   Voici ma copine

Voici ma sœur   Voici mon frère   Voici mon copain

Bonjour Madame.   Bonjour Monsieur.   Salut!

Enchantée Madame.   Enchanté Monsieur.

Au revoir   Bonne journée

Vocabulaire

salut	hi	merci	thank you
bonjour	hello	ça va?	How are you?
ça va bien	I'm fine	Et toi?	How about you?
voici	this is	mon père	my father
ma sœur	my sister	mon frère	my brother
ma mère	my mother	ma copine	my friend (girl)
mon copain	my friend (boy)	Au revoir	Goodbye
Bonne journée	Have a nice day	Enchanté(e)	Pleased to meet you

French Speaking Activities KS3

La récréation 1

You have a new pupil in your class. Your teacher asks you to include the new pupil in your games at break-time.

In pairs, use the following conversation to help you act out the role-play.

Elève 1: Salut _____ !
(prénom)

Elève 2: Salut _____ !
(prénom)

Elève 1: Tu veux jouer?

Elève 2: Oui!

Elève 1: Tu veux jouer ...
- ...au foot
- ...au basket
- ...au volley
- ...au loup
- ...au chat perché
- ...à cache-cache
- ...à la marelle
- ...à la corde à sauter

Elève 2: Oui! On y va!

jouer à la corde à sauter   jouer à la marelle

Vocabulaire

salut .... hi	Tu veux jouer? .... do you want to play?
oui .... yes	jouer au loup .... to play tag*
on y va .... let's go	jouer au chat perché .... to play tag**
un loup .... a wolf	un chat perché .... a perched cat
	à cache-cache .... hide and seek
	à la marelle .... hopscotch
	à la corde à sauter .... skipping rope

* If you are caught, you are 'it'
** If you are caught, you must stay in the same spot until another player frees you by crawling between your legs.

© Sinéad Leleu and Brilliant Publications
This page may be photocopied for use by the purchasing institute only.

French Speaking Activities KS3

La récréation 2

You are in the school yard. In pairs or small groups, act out a role-play where one person asks another to play.

Choose at least one line from each selection to help you. Amusez-vous! Have fun!

Personne 1:
Salut!
Bonjour! } ...

Tu veux jouer avec moi?
Tu veux jouer avec nous? } ...

Tu veux jouer à la corde à sauter?
Tu veux jouer à cache-cache?
Tu veux jouer à la marelle?
Tu veux jouer au chat perché? } ...

Qui tourne la corde?
Qui compte?
Qui commence?
Qui est le loup? } ...

On y va!

Personne 2:
Salut!
Bonjour! } ...

Oui!
Je veux bien, merci! } ...

Oui!
D'accord!
Oui, je veux bien! } ...

Moi!
Toi!
Pas moi!
_____ } ...
(prénom)

Vocabulary

bonjour ....hello	je veux bien ...I'd love to	compter......to count
salut......................hi	jouer................to play	merci ....thank you
commencer ....to start	moi ....me	toi.................you
on y va..................let's go	avec ....with	marelle........hopscotch
nous.....................us	chat perché ..tag	pas moi ....not me
d'accord................alright/ok	tourner............to turn	oui................yes
Tu veux …? ....Do you want…?		
la corde à sauter.skipping rope		
à cache-cache...hide and seek		
le loup ....the wolf (person who chases in tag)		

Être

Complete the verb 'être'.

je _____suis_____
tu _____
il/elle _____
nous _____
vous _____
ils/elles _____

} es
est
suis
êtes
sont
sommes

Chloë is waiting at the cinema with her Dad, her little sister and her friend Marianne. She phones her Mum to find out where she is.

Fill in the blanks using the answers from above. Then in pairs, practise the telephone conversation.

Maman: Allô
Chloé: Salut, Maman!
Maman: Bonjour, Chloé
Chloé: Où es-tu?
Maman: Je _____ au supermarché.
Chloé: Oh! Tu _____ au supermarché! Moi, je suis au cinéma. Je suis avec Marianne.
Maman: Pardon? Vous _____ au cinéma?
Chloé: Oui, nous _____ au cinéma.
Maman: Où est ta petite sœur?
Chloé: Elle _____ avec Papa.
Maman: Où est Papa?
Chloé: Il _____ au guichet.
Maman: Super! Amusez-vous!
Chloé: Merci, Maman. À plus tard!
Maman: À plus tard, Chloé!

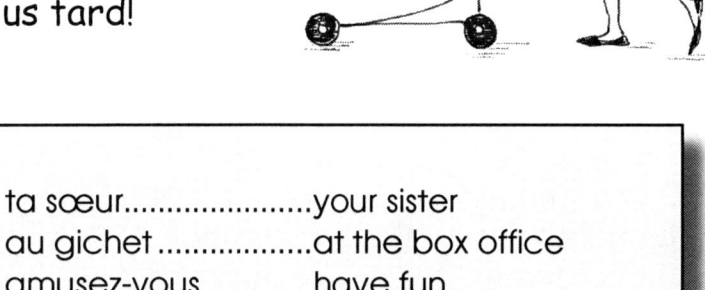

Vocabulaire

allô .... hello (on the telephone)
où .... where
moi .... me
avec .... with

ta sœur .... your sister
au gichet .... at the box office
amusez-vous .... have fun
à plus tard .... see you later

Offrir un cadeau d'anniversaire

It is your friend's birthday. You wish him/her a happy birthday and give him/her a present. In pairs, act out the role-play. To help you, fill in the blanks in the following conversation using the vocabulary below.

Élève 1: Joyeux anniversaire, _____
 (prénom)

Élève 2: Merci!

Élève 1: Voici ton cadeau. C'est un/une _____ .

Élève 2: Merci. C'est _____ . Je _____ !
 (adjectif)

Élève 1: De rien!

Vocabulaire

offrir ....to offer/ to give	voici ....here is
joyeux anniversaire .....happy birthday	merci ....thank you
c'est ....it's	de rien ....you're welcome
sympa ....nice/cool	fantastique..........fantastic
génial...........................great	adorable.............adorable
gentil ....nice/ kindcool	cool....................mignon cute
super ....super	joli........................lovely
magnifique..................magnificent	un cadeau ....a present
un CD...........................a CD	un jeu..................a game
une console ....a console	un DVD ....a DVD
Je l'aime bien ....I really like it	Je l'adore............I love it
un ballon (de foot)......a (foot)ball	une poupée ....a doll
un jeu de société ....a board game	un livre ....a book
une peluche ....a cuddly toy	

32 French Speaking Activities KS3 © Sinéad Leleu and Brilliant Publications
This page may be photocopied for use by the purchasing institute only.

Avoir

Eric and Valérie have received a new football from their Grandad. Eric rushes out to show his friends. He forgets that the football is also Valérie's… until Valérie comes out wearing football gear! Circle the correct form of 'avoir'. Then in groups of five, practise the role play.

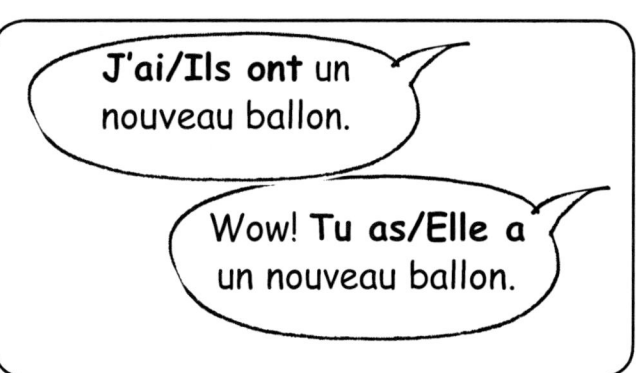

Merci, Papy.

Voici un ballon pour vous deux.

J'ai/Ils ont un nouveau ballon.

Wow! **Tu as/Elle a** un nouveau ballon.

Regarde! **Elles ont/Il a** un nouveau ballon.

Non! **Ils ont/Nous avons** un nouveau ballon.

Oui! **Nous avons/Tu as** un nouveau ballon.

Wow! **Vous avez/J'ai** un nouveau ballon.

Vocabulaire

avoir..... to have	un ballon .... a ball	voici .... here is
J'ai .... I have	Nous avons .... We have	pour .... for
Tu as ..... You have	Vous avez ...... You have (plural)	regarde! ..... look!
Il a .... He has	Ils ont............. They have	nouveau..... new
Elle a .... She has	Elles ont .... They have (feminine)	merci.......... thank you

© Sinéad Leleu and Brilliant Publications
This page may be photocopied for use by the purchasing institute only.

French Speaking Activities KS3

Le corps 1

Draw lines to match the sentence with the correct picture.

J'ai mal au genou!

J'ai mal à l'oreille!

J'ai mal aux dents!

J'ai mal au nez!

J'ai mal au pied!

J'ai mal au bras!

J'ai la varicelle!

J'ai mal au ventre!

J'ai mal à la tête!

J'ai mal partout!

J'ai mal au doigt!

Je suis malade!

Je suis enrhumé!

J'ai mal à l'œil!

J'ai de la fièvre!

J'ai mal à la jambe!

Le corps 2

1. Pierre does not want to go to school! Look at the picture, then read the conversation between Pierre and his mother.

C'est l'heure de te lever!

Aie! Aie! Je suis malade! Aie! Aie!

Maman: Pierre! Lève-toi!
Pierre: Oh non! L'école!
Maman: C'est l'heure de te lever!
Pierre: Aie! Aie! Je suis malade! J'ai mal au ventre! J'ai mal à la tête! J'ai mal aux dents! J'ai mal au bras! J'ai mal au genou! J'ai mal au pied! J'ai mal partout!!!
Maman: Prends ce médicament.
Pierre: Pas la peine! Ça va mieux!

2. In pairs, use the picture and conversation above to help you make up your own conversation. Practise and do the role-play for your class.

Maman: Pierre! Lève-toi!
Pierre: Oh non! L'école!
Maman: C'est l'heure de te lever!
Pierre: Aie! Aie! Je suis malade! J'ai mal _____ !!!
Maman: Prends ce médicament.
Pierre: Pas la peine! Ça va mieux!

Vocabulaire		
Lève-toi .... Get up	c'est .... it's	l'heure .... time
prendre .... to take	pas la peine .... no need	l'école .... school
se lever .... to get up	un médicament .... medicine	malade ill
ça va mieux .... I'm better/it's better		

Au marché

Cut out the following sentences and put them in the right order. Then use them to help you act out a role-play at the market.

M = marchand (stallholder)   C = client (customer)

M   Vous désirez?

C   Merci, monsieur.

M   Merci, Madame, au revoir.

C   C'est tout.

M   Avec ceci?

C   Bonjour, Monsieur.

M   Bonjour, Madame.

C   Au revoir, Monsieur.

M   Voilà. Ça fait ____ euros, s'il vous plaît.

C   Je voudrais deux kilos de tomates, une laitue et un concombre, s'il vous plaît.

C   Voilà ____ euros, Monsieur.

Je voudrais deux kilos de tomates, une laitue et un concombre, s'il vous plaît.

Voilà. Ça fait cinq euros, s'il vous plaît.

Vocabulaire

tomates..............tomatoes   laitue ....lettuce   concombre...cucumber
Avec ceux-ci?...Anything else?   C'est tout....That's all

36   French Speaking Activities KS3   © Sinéad Leleu and Brilliant Publications
This page may be photocopied for use by the purchasing institute only.

Au café

Complete the conversation using the vocabulary below. In pairs, act out the role-play.

Snacks
sandwich 4€
pizza 5€
croissant 1€

Boissons
jus d'orange 2€
coco 2€
limonade 2€

Serveur   Bonjour, _____! Vous désirez?
                (Madame/Monsieur/Mademoiselle)

Client   Bonjour, Monsieur. Je voudrais _____

               et _____, s'il vous plaît.

Serveur   Voilà. Bon appétit!

Client   Merci, Monsieur.

Client   Monsieur, l'addition, s'il vous plaît.

Serveur   Voilà. Ça fait _____ euros, s'il vous plaît.

Client   Voilà. Merci, Monsieur. Au revoir.

Serveur   Merci, _____. Au revoir.
                (Madame/Monsieur/Mademoiselle)

Vocabulaire

un serveur	a waiter	l'addition	the bill
voilà	here you are	une serveuse	a waitress
un client	a customer	et	and
s'il vous plaît	please	Je voudrais	I would like
Vous désirez?	What would you like?	merci	thank you
Ça fait combien?	How much is that?	Ça fait __ euros	That's __ euros.
au revoir	goodbye		

© Sinéad Leleu and Brilliant Publications   French Speaking Activities KS3   37
This page may be photocopied for use by the purchasing institute only.

Prendre le goûter

You and your little cousin have decided to have a healthy snack. In pairs, use some of the following sentences to help you make up a role-play.

Grand cousin:

Tu as faim?

Moi aussi. Tu veux un petit goûter?

Qu'est-ce que tu veux?

Non, parce que c'est mauvais pour la santé.
Non, parce que c'est mauvais pour les dents.
Oui! C'est bon pour la santé!

Tiens !

De rien!

Bon appétit!

Petit cousin:

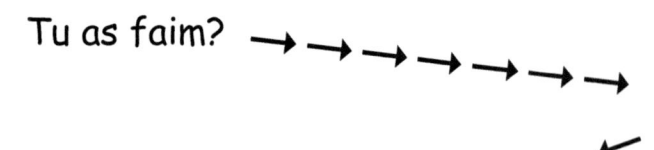

Oui, j'ai faim.

Oui, s'il te plaît.

Je veux … un coca/un yaourt/une pomme/un jus d'orange/des bonbons/des chips/du chocolat/une banane/un pain au chocolat/un gâteau/une tartine/une orange … s'il te plaît.

C'est vrai!

Merci!

Bon appétit!

Vocabulaire

le goûter .... a snack	aussi .... also	les dents .... teeth
mauvais .... bad	parce ce que .... because	
tiens .... take this	c'est vrai .... that's true	
la santé .... health	de rien .... you're welcome	

Le temps et les vêtements 1

Draw lines to match the word with the correct picture.

Les vêtements

un jean

des sandales

un pull

un pyjama

des baskets

un t-shirt

une jupe

une casquett

un bonnet

une veste

des chaussettes

une chemise

un manteau

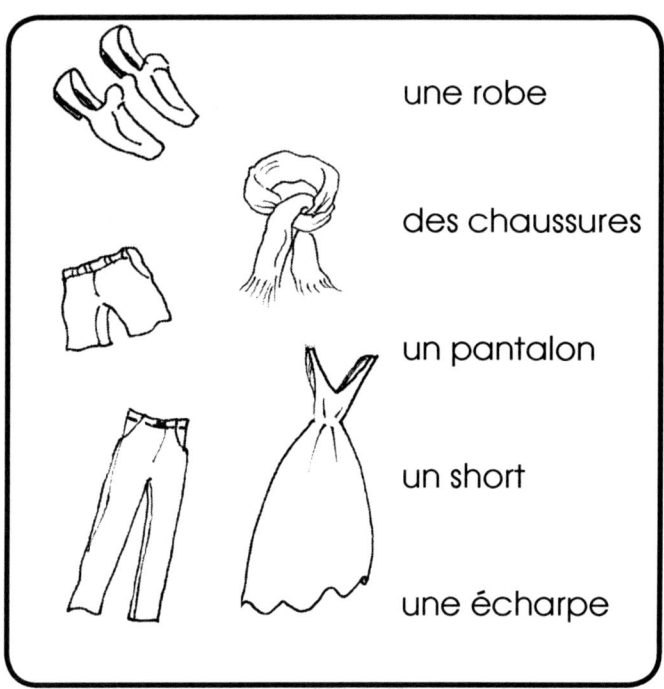

une robe

des chaussures

un pantalon

un short

une écharpe

Le temps

il fait beau

il fait froid

il fait chaud

il fait du soleil

il fait du vent

il gèle

il neige

il pleut

© Sinéad Leleu and Brilliant Publications
This page may be photocopied for use by the purchasing institute only.

French Speaking Activities KS3

Le temps et les vêtements 2

1. You and a friend disagree on what clothes you should wear today as you disagree on the weather!

In pairs, practise the following conversation.

Lise:	Je vais mettre un t-shirt et un short aujourd'hui.
Jacques:	Mais il pleut!
Lise:	C'est pas grave!
Jacques:	Il fait froid aussi!
Lise:	Mais non! Il fait chaud.
Jacques:	Moi, je vais mettre un jean et un pull.

2. Fill in the blanks to make up your own conversation. Act out the role-play.

Élève 1:	Je vais mettre _____ et _____ aujourd'hui.
Élève 2:	Mais il pleut!
Élève 1:	C'est pas grave!
Élève 2:	Il fait froid aussi!
Élève 1:	Mais non! Il fait chaud.
Élève 2:	Moi, je vais mettre _____ et _____.

Vocabulaire ....

Je vais	I'm going	mettre	to put (on)	et	and
aujourd'hui	today	aussi	also	mais	but
Il pleut	it's raining	Il fait froid	It's cold	Il fait chaud	It's hot
C'est pas grave	It doesn't matter				

Star Académie

Now is your chance to be part of Star Academy, a TV show to find musical talent! Choose three people in the class to be the judges. The rest of the class divide into groups of three or four and prepare a song or a piece of music. Each group performs their act for the class. Before they perform, the judges ask some questions. After the performance, the judges give their opinions.

Judges:
Choose at least one word or phrase from each section. Be nice! Soyez gentils!

1. Salutations: Bonjour!   Salut!
   Merci!   Au revoir!

2. Questions: Comment t'appelles-tu?   Comment s'appelle-ton groupe?
   Tu chantes?   Tu joues de la guitare?
   Tu joues du violon?   Tu joues du piano?
   Tu joues du saxophone?   Tu joues de la batterie?
   Tu aimes la musique rock?   Tu aimes la musique pop?

3. Faire commencer: Vas-y!   Allez-y!
   Tu peux commencer!   Vous pouvez commencer!

4. Commentaires: C'est bien!   C'est genial   C'est affreux
   C'est chouette!   C'est nul!   Pas terrible!   Bof!

Contestants:
Use the words/phrases below to help you. Good luck! Bon courage!

- Bonjour!
- Salut!
- Je m'appelle _____
- Mon groupe s'appelle _____
- Oui, j'aime _____
- Non, je n'aime pas _____
- Oui, je joue _____
- Non, je ne joue pas _____
- Oui, j'adore _____
- Merci!
- Au revoir!

Star Académie – Vocabulaire additionnel

From page 41

Judges
Section 2
    chanter .... to sing
    jouer .... to play
    aimer .... to like
    la batterie .... the drums

Section 3 ....
    Vas-y! .... Go on/Go ahead
    Allez-y! .... Go on/Go ahead (plural)
    Tu peux .... You can
    Vous pouvez ...... You can (plural)
    commencer .... to begin/to start

Section 4
    c'est .... it's
    chouette .... great
    nul .... useless
    affreux .... awful
    génial .... great/brilliant
    pas terrible .... not that great
    bof! .... not so good

Contestants
    Je joue .... I play
    Je ne joue pas ... I don't play
    J'aime .... I like
    Je n'aime pas .... I don't like
    J'adore .... I love

À la plage

You are at the beach. In pairs or small groups, act out a role-play where one person asks another to play. Choose at least one line from each block to help you. Amusez-vous! Have fun!

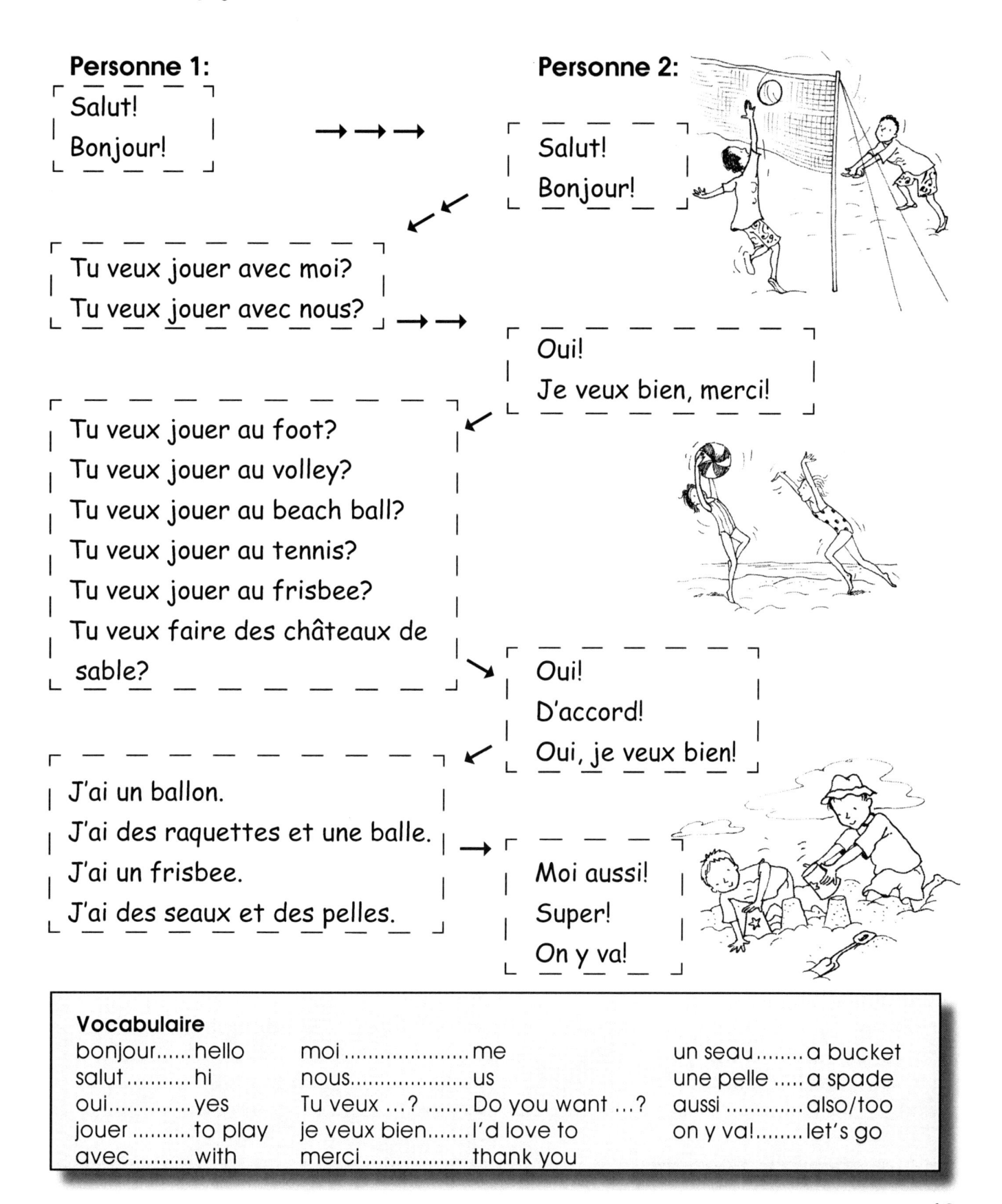

Personne 1:

Salut!
Bonjour!

→ → →

Personne 2:

Salut!
Bonjour!

Tu veux jouer avec moi?
Tu veux jouer avec nous?

→ →

Oui!
Je veux bien, merci!

Tu veux jouer au foot?
Tu veux jouer au volley?
Tu veux jouer au beach ball?
Tu veux jouer au tennis?
Tu veux jouer au frisbee?
Tu veux faire des châteaux de sable?

Oui!
D'accord!
Oui, je veux bien!

J'ai un ballon.
J'ai des raquettes et une balle.
J'ai un frisbee.
J'ai des seaux et des pelles.

→

Moi aussi!
Super!
On y va!

Vocabulaire

bonjour......hello	moi..................me	un seau........a bucket
salut...........hi	nous................us	une pelle.....a spade
oui..............yes	Tu veux …?.......Do you want …?	aussi............also/too
jouer..........to play	je veux bien.......I'd love to	on y va!........let's go
avec..........with	merci................thank you	

À la boulangerie

1. In pairs, practise this conversation in the bakery. One person is the baker 'le boulanger' and the other is the customer 'le client'.

Le boulanger:	Bonjour Mademoiselle!
Le client:	Bonjour Monsieur! Une baguette et quatre croissants, s'il vous plaît.
Le boulanger:	Voilà! cinq euros, s'il vous plaît.
Le client:	Voilà! cinq euros.
Le boulanger:	Merci Mademoiselle.
Le client:	Merci Monsieur. Au revoir.
Le boulanger:	Au revoir, Mademoiselle.

2. You are on holiday in France. You have been sent in to the 'boulangerie' to buy your family's breakfast. Use the conversation above and the vocabulary below to help you make up your own conversation. Amusez-vous et bon appétit!

Le boulanger: Bonjour _____ !
(Madame/Monsieur/Mademoiselle)

Le client: Bonjour _____
(Madame/Monsieur/Mademoiselle)

Je voudrais _____ et

_____ s'il vous plaît.

Le boulanger: Voilà! _____ euros, s'il vous plaît.

Le client: Voilà! _____ euros.

Le boulanger: Merci _____ .
(Madame/Monsieur/Mademoiselle)

Le client: Merci _____ .
(Madame/Monsieur/Mademoiselle)
Au revoir.

Le boulanger: Au revoir _____ .
(Madame/Monsieur/Mademoiselle)

Vocabulaire

bonjour .... hello	voilà .... here you are	je voudrais .... I'd like
merci .... thank you	et .... and	au revoir .... goodbye
s'il vous plaît .... please	un pain ..... bread	un croissant .. croissant
une baguette ..... french stick	un pain au chocolat ...... chocolate bread	

Au parc d'attraction

1. You are at an amusement park (au parc d'attraction) or at the fun fair (à la fête foraine). You would like to buy tickets for a ride. Practise the following conversation in pairs.

Caissier: Bonjour.
Client: Bonjour, Monsieur. Trois entrées pour le train fantôme, s'il vous plaît.
Caissier: Voilà. Ça fait neuf euros.
Client: Merci, Monsieur. Au revoir.
Caissier: Merci. Au revoir.

2. Fill in the gaps and use the conversation to help you act out your own role-play.

Caissier: Bonjour.
Client: Bonjour, _____
(Madame/Monsieur/Mademoiselle)
entrées pour _____
s'il vous plaît.
Caissier: Voilà. Ça fait _____ euros, s'il vous plaît.
Client: Merci, _____. Au revoir.
(Madame/Monsieur/Mademoiselle)
Caissier: Merci. Au revoir.

Vocabulaire

le manège	the ride	le grand huit	the roller coaster
le train fantôme	the ghost train	la grande roue	the big wheel
une fête foraine	a fun fair	la carrousel	the merry-go-round
un parc d'attraction	amusement park		

Interview avec une star de cinéma

In pairs, fill in the blanks in the following conversation between a film star and a radio presenter. Practise the role-play and then perform it for your class.

Interviewer:	Bonjour, _____.
	(nom du star)
	Bienvenue à Radio Des Jeunes!
Star:	Bonjour, _____ et merci.
	(nom de l'interviewer)
Interviewer:	Quel âge as-tu?
Star:	J'ai _____ ans.
Interviewer:	Où habites-tu?
Star:	J'habite à _____.
Interviewer:	Tu as les cheveux de quelle couleur?
Star:	J'ai les cheveux _____.
Interviewer:	Tu as les yeux de quelle couleur?
Star:	J'ai les yeux _____.
Interviewer:	Qu'est-ce que tu aimes?
Star:	J'aime _____.
Interviewer:	Qu'est-ce que tu n'aimes pas?
Star:	Je n'aime pas _____.
Interviewer:	Quel est ton film préféré?
Star:	Mon film préféré est _____.
Interviewer:	Merci beaucoup et à bientôt!
Star:	De rien. Au revoir!

Vocabulaire

bienvenue.......welcome	les cheveux..........hair	les yeux.....eyes
aimer................to look	à bientôt! ....see you soon!	

French Speaking Activities KS3

L'invité(e) timide

You have a very shy guest staying at your house. You are trying to make him/her feel at home. In pairs, use the ideas below to act out the role-play. Find five things the shy guest would like to do.

Est-ce que tu veux …

manger	un sandwich un gâteau un fruit	un bonbon quelque chose _____ *(ton choix)*
boire	un coca du lait de l'eau	un jus d'orange un jus de pomme _____ *(ton choix)*
regarder	un film un dvd la télé	_____ *(ton choix)*
écouter	la radio de la musique un cd	_____ *(ton choix)*
jouer	au foot aux cartes au Twister	à la PlayStation au basket _____ *(ton choix)*
aller	en ville à la piscine au cinéma	dans le jardin dehors _____ *(ton choix)*
téléphoner à	tes parents ta mère ton père	quelqu'un _____ *(ton choix)*

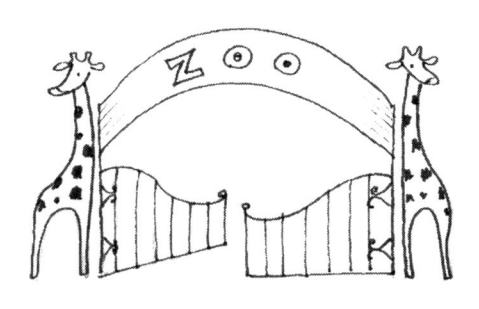

L'invité(e) timide – Vocabulaire additionnel

From page 47

Qu'est-ce que tu veux faire?   What do you want to do?

ton choix	your choice
manger	to eat
un gâteau	a cake
un bonbon	a sweet
boire	to drink
un coca	a coca cola
du lait	some milk
de l'eau	some water
un jus d'orange	orange juice
un jus de pomme	apple juice
quelque chose	something
dans	in
dehors	outside
aller	to go
jouer	to play
le jardin	the garden
la ville	the town
écouter	to listen
regarder	to watch
la piscine	the swimming pool
tes parents	tes parents
ta mère	your mother
ton père	your father
quelqu'un	somebody
des cartes	cards
le foot(ball)	soccer
le basket(ball)	basketball

Vingt questions!

Get to know a classmate! In pairs, one person asks the other the following 20 questions. Practise and then perform in front of your class. If you have time, swap roles.

1. Comment t'appelles-tu?
2. Quel âge as-tu?
3. C'est quand ton anniversaire?
4. Où habites-tu?
5. Tu es de quel pays?
6. Tu as des frères et des sœurs?
7. Tu es dans quelle classe?
8. Comment s'appelle ton professeur?
9. Quelle est ta matière préférée?
10. Quel est ton livre préféré?
11. Quelle est ta couleur préférée?
12. Quel est ton animal préféré?
13. Quelle est ta musique préférée?
14. Qu'est-ce que tu aimes regarder à la télé?
15. Qu'est-ce que tu aimes manger?
16. Qu'est-ce que tu aimes boire?
17. Quel est ton sport préféré?
18. Quel est ton jour préféré?
19. Quelle est ta saison préférée?
20. Quel est ton film préféré?

Vocabulaire

un anniversaire ...... a birthday	un livre .... a book	un jour .... a day
un pays .... a country	un frère .... a brother	une sœur ..... a sister
regarder .... to watch/look	manger .... to eat	boire .... to drink
une matière .... a subject	une classe ... a class (year in school)	
un professeur .... a teacher	une saison ... a season	

Les expositions

Les expositions	**Presentations**	
Ma recette de pizza! 1	My pizza recipe! 1	51
Ma recette de pizza! 2	My pizza recipe! 2	52
En route pour l'école	On the way to school	53
Bienvenue dans notre école	Welcome to our school	54
Mon ami(e)	My friend	55
Je me présente	Let me introduce myself ●	56
Ma recette de milkshake	My milkshake recipe	57

● More challenging activities

Ma recette de pizza! 1

Draw lines to match up the ingredients to their translation. Then choose from the ingredients to make up your own delicious pizza.

Read out your recipe for your class. Miam, miam!! Yummy!!

de la pâte à pizza	minced meat
des olives vertes	cooked ham
du steak haché	pizza dough
du jambon blanc	green olives
du poulet	salt and pepper
du maïs	chicken
sel et poivre	pineapple
de l'ananas	sweetcorn

Ma recette de pizza

des tomates	mushrooms
des champignons	tomatoes
de la sauce tomate	eggs
des pepperoni	tomato sauce
des œufs	pepperoni
des olives noires	onions
du fromage râpé	black olives
des oignons	grated cheese

Ma recette de pizza! 2

You are the presenter of a TV cookery programme. Fill in the blanks using the ingredients from 'Ma recette de pizza! 1' (page 51).

Practise and then present your programme to your class.

Bonjour à tous et bienvenue.

Je m'appelle _____ .
(ton prénom)

Aujourd'hui, pour vous, une pizza délicieuse!

Il faut _____

_____ .
(tes ingrédients)

Préchauffez le four à deux cent et vingt degrés.

Mettez la sauce tomate sur la pâte à pizza.

Ajoutez le fromage râpé sur la sauce tomate.

Mettez _____ sur le
(tes ingrédients)
fromage râpé.

Faites cuire la pizza au four pendant vingt cinq minutes.

Ça sent bon!

Vocabulaire

tous .... all	aujourd'hui .... today	le four .... the oven
râpé .... grated	bienvenue .... welcome	mettre .... to put
cuire .... to cook	préchauffer ...... to pre-heat	ajouter .... to add
pendant .... for/during	ça sent bon ...... that smells good	
ton prénom .... your first name		
il faut .... it's necessary/you need		

---

52   French Speaking Activities KS3

En route pour l'école

Describe your journey to school to your class. Complete the sentences below using the vocabulary to help you.

Quand je vais à l'école, je passe devant _____

_____

Ensuite, je passe devant _____

_____

Puis, je passe devant _____

_____

Enfin, j'arrive à l'école!

Vocabulaire

quand	when	la mairie	the townhall
devant	in front of	un hôpital	a hospital
ensuite	next/then	un marché	a market
puis	next/then	un supermarché	a supermarket
enfin	finally	une gare	a train station
une rivière	a river	un immeuble	a building
une piscine	a swimming pool	un café	a café
un château	a castle	un restaurant	a restaurant
un terrain de foot	a football pitch	un magasin	a shop
une crèche	nursery	un musée	a museum
une banque	a bank	la poste	the post office
une boulangerie	a bakery	un station service	a petrol station
une ferme	a farm	un rond-point	a roundabout
une église	a church	un carrefour	crossroads
un stade	a stadium	une école	a school
une usine	a factory	un parc	a park/playground
une pharmacie	a chemist		
un confiserie	confectioners/sweet shop		

© Sinéad Leleu and Brilliant Publications

French Speaking Activities KS3

This page may be photocopied for use by the purchasing institute only.

Bienvenue dans notre école!

Your school has a group of visitors from France. You have been asked to show the visitors around.

Use the phrases below to help you show them around. Your classmates are the French visitors.

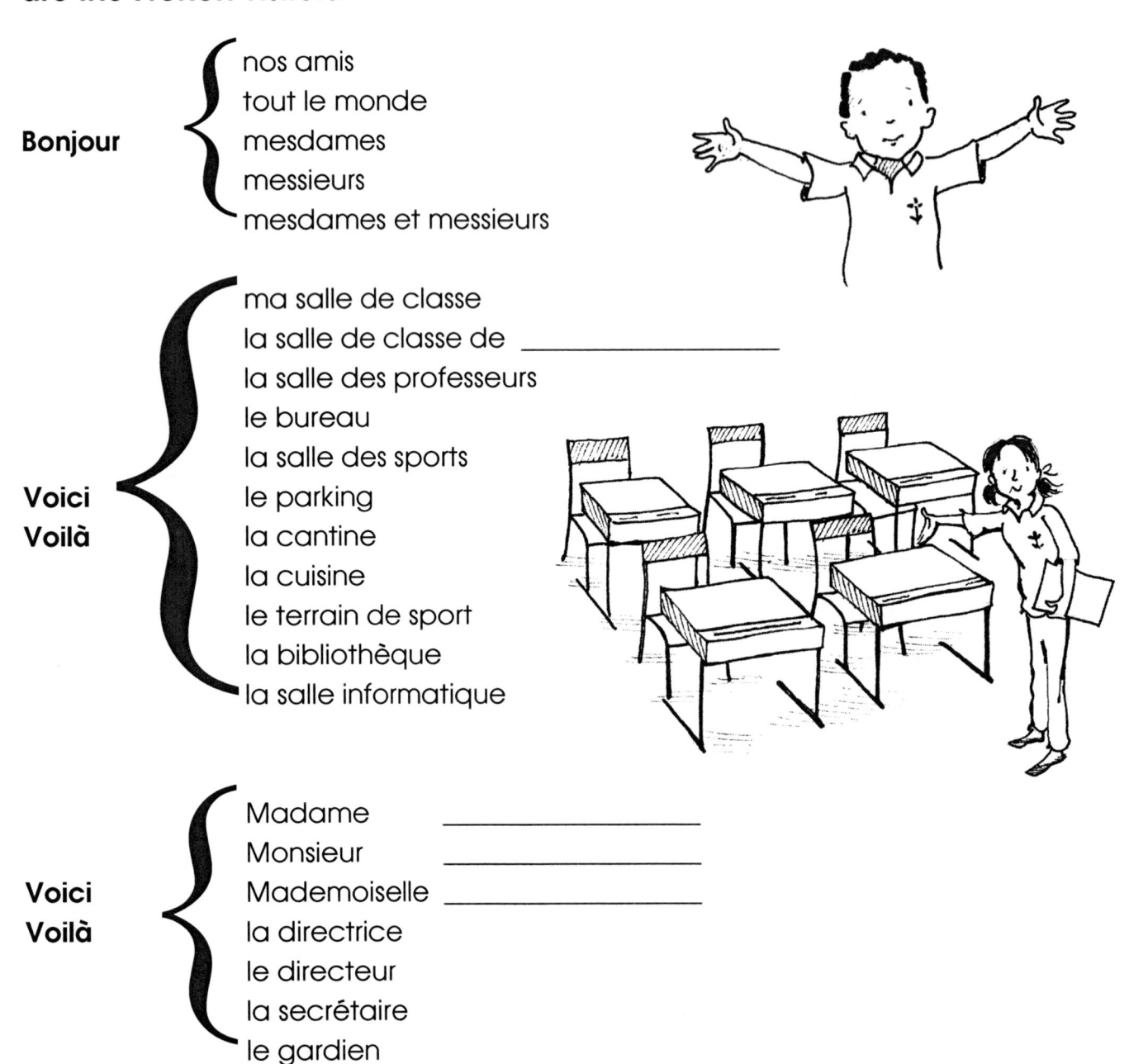

Bonjour {
- nos amis
- tout le monde
- mesdames
- messieurs
- mesdames et messieurs
}

Voici / Voilà {
- ma salle de classe
- la salle de classe de _____
- la salle des professeurs
- le bureau
- la salle des sports
- le parking
- la cantine
- la cuisine
- le terrain de sport
- la bibliothèque
- la salle informatique
}

Voici / Voilà {
- Madame _____
- Monsieur _____
- Mademoiselle _____
- la directrice
- le directeur
- la secrétaire
- le gardien
}

Vocabulaire
bienvenue	welcome	notre	our
voici	here is	voilà	there is
nos amis	our friends	tout le monde	everybody
mesdames	ladies	messieurs	gentlemen
un professeur	a teacher		
une salle de classe	a classroom		

54 French Speaking Activities KS3

Mon ami(e)

Fill in this paragraph about a friend or classmate. Use the vocabulary below to help you. Practise and then present it to your class.

Il/Elle s'appelle _____. Il/Elle a _____ ans.

Son anniversaire est en _____.
(mois)

Il/Elle habite à _____.

Il/Elle a les cheveux _____ et les yeux _____.
(couleur)   (couleur)

Il/Elle est _____ et _____.
(adjectif)   (adjectif)

Il/Elle aime _____ et _____.
(passetemps)   (passetemps)

Les mois: janvier février mars avril mai juin
juillet août septembre octobre novembre décembre

les cheveux:
- noirs .... black
- bruns .... brown
- blonds .... blonde
- châtains ....light brown
- roux .... red

les yeux:
- vert .... green
- marron ..... brown
- bleus .... blue
- noisette ... hazel
- gris .... grey

Les adjectifs:
- grand(e) .... tall
- petit(e) .... small
- drôle .... funny
- intelligent(e) .... intelligent
- adorable .... adorable/lovely
- aimable .... friendly
- sportif/sportive .... sporty
- timide .... shy
- bavard(e) .... chatty
- sympa .... nice/cool
- gentil(le) .... nice/kind
- sensible .... sensitive

Les passetemps et les intéret:
- le sport .... sports
- le foot .... soccer
- le basket .... basketball
- le rugby .... rugby
- la danse .... dance
- la gymnastique .. gymnastics
- l'équitation .... horse riding
- la natation .... swimming
- la lecture .... reading
- la mer .... the sea
- faire la cuisine .... cooking
- la musique .... music
- la télé .... TV
- console de jeux ...... games console
- la Nintendo .... Nintendo
- les animaux .... animals
- faire les magasins ... shopping
- la mode .... fashion
- la nature .... nature
- le dessin .... art
- le cinéma .... the cinema

Je me présente!

Fill in the blanks below. Use the text to help you talk about yourself to your class.

Bonjour! Je m'appelle _____. J'ai ____ ans.

Mon anniversaire est le _____.

J'ai les yeux _____ et les cheveux _____.

J'habite à _____.

J'habite avec _____.

Mon école s'appelle _____.

Je suis en ____ année. Ma matière préférée est _____.

Mes passe-temps sont _____ et _____.

J'aime manger _____ et _____.

J'aime boire _____ et _____.

J'aime regarder _____ à la télé.

J'aime écouter la musique de _____.

Ma couleur préférée est le _____.

Me voilà! Au revoir.

Vocabulaire

mon anniversaire	my birthday	les cheveux	hair
et	and	les yeux	eyes
J'habite	I live	avec	with
mon école	my school	Je suis	I am
année	year	ma matière	my subject
parce que	because	manger	to eat
mes passe-temps	my hobbies	écouter	to listen
boire	to drink	regarder	to look/watch
Me voilà!	That's me!	au revoir	goodbye

French Speaking Activities KS3 © Sinéad Leleu and Brilliant Publications

Ma recette de milkshake

Write out your milkshake recipe using the following ingredients. Then explain to your class how to make it. It's easy! C'est facile!

Les ingrédients

1. 1 cuillère de glace à la vanille
2. 150ml de lait (cent cinquante millilitres)
3. 85g de yaourt nature (quatre-vingt cinq grammes)
4. 1 cuillère de miel
5. Pour un milkshake:

   à la banane – 1 banane

   au chocolat – 85g de gâteaux au chocolat

   à la fraise – 85g de fraise

Ma recette de milkshake

Mon milkshake

Pour faire mon milkshake, il faut mixer
_____
(les ingrédients)
_____
_____
_____dans un mixer.

Versez dans un verre …

et buvez! Bon appétit!!

© Sinéad Leleu and Brilliant Publications
This page may be photocopied for use by the purchasing institute only.

French Speaking Activities KS3

Les QCM

Les QCM (Questionnaires à Choix Multiple)	**Multiple-choice questions**	
Les animaux – Qui suis-je?	Animals – Who am I?	● 59
Les couleurs	Colours	61
Les vacances	Holidays	● 62
L'environnement	The environment	● 64
Les pays et les villes	Countries and cities	66
Les noms	Nouns	67
La ville	The town	● 68
Le ménage	Housework	● 69

● More challenging activities.

Je suis rose. J'habite dans une ferme.

Les animaux – Qui suis-je?

Try this animal quiz out on a classmate.

1. Je suis petite. J'aime le fromage.
   Je suis   a) un crocodile
             b) un poisson rouge
             c) une souris

2. J'aime les carottes.
   J'ai de grandes oreilles.
       Je suis a) une vache
                b) un chat
                c) un lapin

3. Je porte un pyjama noir et blanc.
   J'habite en Afrique.
       Je suis a) un chien
                b) un zèbre
                c) un mouton

4. J'aime les souris. J'aime le lait.
   Je suis   a) un poisson rouge
             b) un chat
             c) un lion

5. Je donne du lait. J'habite
   dans une ferme.
       Je suis a) une vache
                b) un lapin
                c) un oiseau

6. J'aime nager. Je suis intelligent.
       Je suis a) un cochon
                b) un chat
                c) un dauphin

7. Je suis rose. J'habite dans une ferme.
       Je suis a) un cochon
                b) une vache
                c) un oiseau

8. Je porte un manteau de laine blanche.
       Je suis a) un dauphin
                b) un chien
                c) un mouton

9. Je suis petit. J'aime nager.
   Je suis orange!
       Je suis a) un lion
                b) un poisson rouge
                c) un chien

10. J'ai de grandes dents. Snap, snap!
       Je suis a) un crocodile
                b) une souris
                c) un lapin

11. J'aime voler et chanter.
       Je suis a) un lion
                b) un cheval
                c) un oiseau

12. Je suis le roi des animaux!
       Je suis a) un zèbre
                b) un lion
                c) un chien

un cochon

une vache

un dauphin

un lion

un zèbre

un oiseau

un crocodile

un poisson rouge

un mouton

un chat

un lapin

une souris

Les Animaux – Qui suis-je?
Vocabulaire additionnel

From page 59

Je suis …	I am …
aimer	to like
porter	to wear
voler	to fly
chanter	to sing
habiter	to live
donner	to give
nager	to swim
en Afrique	in Africa
petit(e)	small
grand(e)	big
noir(e)	black
blanc(he)	white
rose	pink
le fromage	cheese
un manteau	a coat
la laine	wool
une carotte	a carrot
une oreille	an ear
le roi	the king
le lait	milk
une ferme	a farm
une dent	a tooth

Les couleurs

Try this colour quiz out on a classmate.

1. Le soleil est
   a) bleu
   b) jaune
   c) noir

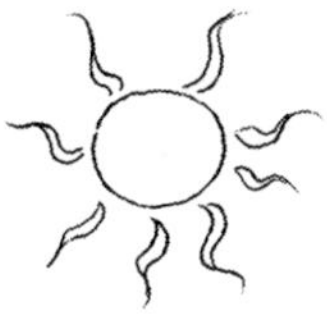

2. Le ciel est
   a) marron
   b) orange
   c) bleu

3. La neige est
   a) blanche
   b) rouge
   c) rose

4. L'herbe est
   a) bleue
   b) verte
   c) violette

5. Une banane est
   a) blanche
   b) rose
   c) jaune

6. Le chocolat au lait est
   a) marron
   b) noir
   c) blanc

7. Cette fruit est aussi un couleur?
   a) vert
   b) blanc
   c) orange

8. Un zèbre est
   a) bleu et rose
   b) violet et orange
   c) noir et blanc

9. Un flamant est
   a) rouge
   b) rose
   c) marron

10. 'Le Tricolore' est
    a) bleu, blanc, vert
    b) bleu, blanc, rouge
    c) vert, blanc, rouge

11. Le Père Noël porte un costume
    a) jaune
    b) gris
    c) rouge

12. Le noir et le blanc mélangé fait le
    a) gris
    b) marron
    c) bleu

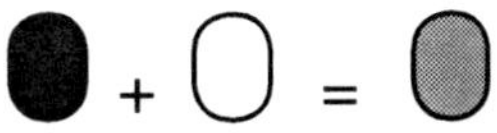

13. Dorothée porte des chaussures _____ dans 'Le Magicien D'Oz'.
    a) jaunes
    b) rouges
    c) noires

14. Cette fleur est aussi une couleur?
    a) rose
    b) rouge
    c) noir

© Sinéad Leleu and Brilliant Publications

French Speaking Activities KS3

Les vacances

Do this holiday quiz on yourself and then compare with a classmate.

1. Je pars en vacances. Je fait 
    a) un gâteau
    b) ma valise
    c) un sandwich

2. Je vais à l'aéroport pour prendre 
    a) l'avion
    b) le train
    c) la voiture

3. A l'hôtel, je dors dans
    a) la douche
    b) la cuisine
    c) ma chambre

4. Il fait du soleil. Je mets 
    a) ma crème solaire
    b) mon écharpe
    c) mes bottes

5. J'ai le soleil dans les yeux. Je mets 
    a) mes lunettes de soleil
    b) mes chaussures
    c) ma veste

6. J'ai chaud. Je mange 
    a) une pizza
    b) des frites
    c) une glace

7. Je vais nager 
    a) au cinéma
    b) à la piscine
    c) au supermarché

8. Pour nager, je porte 
    a) ma veste
    b) mes sandales
    c) mon maillot de bain

9. À la plage, je nage dans 
    a) la mer
    b) un coquillage
    c) un bateau

10. Je vois _____ sur la mer. 
    a) un vélo
    b) un train
    c) un bateau

11. À la plage, je ramasse 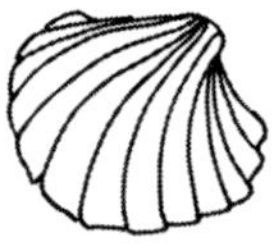
    a) des coquillages
    b) des glaces
    c) des lunettes de soleil

12. À la plage, je fais 
    a) ma valise
    b) un sandwich
    c) un château de sable

13. Pour mon pique-nique, je fais 
    a) des sandwichs
    b) une omelette
    c) un chocolat chaud

14. J'ai des fourmis dans mon sandwich. Je dis 
    a) miam, miam!
    b) beurk!
    c) bonjour!

Les vacances – Vocabulaire additionnel

From page 62

1. je pars .... I leave / I'm leaving
    en vacances .... on holiday

2. je vais .... I go / I'm going
    prendre .... to take

3. je dors .... I sleep / I'm sleeping

4. le soleil .... the sun
    je mets .... I put / I'm putting

5. le soleil .... the sun
    les yeux .... eyes

6. chaud .... hot
    je mange .... I eat / I'm eating

7. nager .... to swim

8. nager .... to swim
    je porte .... I wear / I'm wearing

9. la plage .... the beach
    nager .... to swim

10. je vois .... I see
    la mer .... the sea

11. la plage .... the beach
    je ramasse .... I gather / I'm gathering

12. la plage .... the beach
    je fais .... I make / I'm making

13. un pique-nique ..... a picnic
    je fais .... I make / I'm making

14. j'ai .... I have
    des fourmis .... ants
    je dis .... I say

L'environnement

Try this quiz to find out if you are taking care of the planet. Compare your answers with a classmate.

1. Je suis sale! Je prends …
   a) un bain
   b) une douche

2. J'ai soif! Je bois …
   a) l'eau minérale
   b) l'eau du robinet

3. Je vais à la boulangerie à 1km. J'y vais …
   a) en voiture
   b) en vélo

4. Je pique-nique. Je jette les ordures dans …
   a) la rivière
   b) un sac poubelle

5. J'ai froid. Je mets …
   a) du chauffage
   b) un pull

6. Je mange une pomme. Je jette le restant …
   a) sous le lit
   b) dans le compost

7. Je bois un cola. Je jette la canette vide …
   a) par terre
   b) dans la poubelle recyclable

8. Je sors. _____ la lumière.
   a) Je laisse
   b) J'éteins

Plus de 'a' …
Oh là là! Il faut changer tes habitudes.

Plus de 'b' …
Super! Continue.

L'environnement – Vocabulaire additionnel

From page 64

Je suis	I am
sale	dirty
je prends	I take
un bain	a bath
une douche	a shower
je vais	I go
la boulangerie	the bakery
j'y vais	I go there
j'ai soif	I'm thirsty
je bois	I drink
l'eau	water
un robinet	a tap
je jette	I throw
les ordures	rubbish
dans	in
la rivière	the river
un sac poubelle	a rubbish bag
j'ai froid	I'm cold
je mets	I put (on)
du chauffage	heating
un pull	a jumper
je mange	I eat
sous	under
le lit	the bed
le compost	compost
par terre	on the ground
la poubelle	the rubbish bin
recyclable	recycling/recyclable
je sors	I go out
la lumière	the light
je laisse	I leave
j'éteins	I turn off

Les pays et les villes

Test yourself and then compare your answers with a classmate.

1. Où est la Tour Eiffel?
   - a) à Londres
   - b) à Paris
   - c) à Rome

2. Où est Big Ben?
   - a) à Dublin
   - b) à Lisbonne
   - c) à Londres

3. Où est La Statue de la Liberté?
   - a) à New York
   - b) à Bruxelles
   - c) à Vienne

4. Où est la Mona Lisa? (Musée du Louvre)
   - a) à Madrid
   - b) à Glasgow
   - c) à Paris

5. Où est la Maison Blanche?
   - a) à Washington DC
   - b) à Boston
   - c) à San Francisco

6. Où est la Tour de Pise?
   - a) en Italie
   - b) en France
   - c) en Belgique

7. Où est la Grande Pyramide de Gizeh?
   - a) en Australie
   - b) aux Etats-Unis
   - c) en Egypte

8. Où est la Grande Muraille?
   - a) au Japon
   - b) en Chine
   - c) en Russie

9. Où est le Taj Mahal?
   - a) au Mexique
   - b) en Inde
   - c) au Portugal

10. Où sont les Chutes de Niagara?
    - a) au Pôle Nord
    - b) en Écosse
    - c) au Canada

Les noms

A very curious alien has landed on Earth! Try out the alien's questions on a classmate!

1. Qu'est-ce que c'est?
   a) un avion
   b) un cd
   c) une télévision

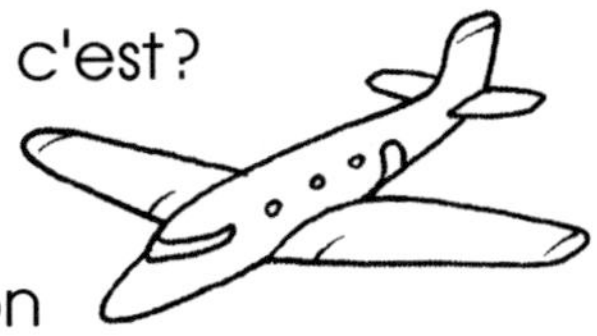

2. Qu'est-ce que c'est?
   a) un éléphant
   b) un dvd
   c) une maison

3. Qu'est-ce que c'est?
   a) le soleil
   b) une plante
   c) un lapin

4. Qu'est-ce que c'est?
   a) un bus
   b) un garçon
   c) une guitare

5. Qu'est-ce que c'est?
   a) une table
   b) une chaise
   c) un hamster

6. Qu'est-ce que c'est?
   a) un t-shirt
   b) le ciel
   c) un restaurant

7. Qu'est-ce que c'est?
   a) une fille
   b) une glace
   c) un café

8. Qu'est-ce que c'est?
   a) un téléphone
   b) des fleurs
   c) une maison

9. Qu'est-ce que c'est?
   a) un piano
   b) un bébé
   c) un extraterrestre

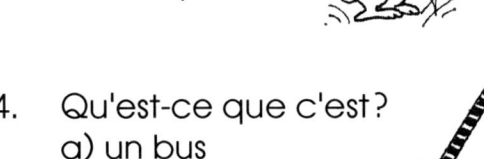

10. Qu'est-ce que c'est?
    a) un jardin
    b) une radio
    c) du fromage

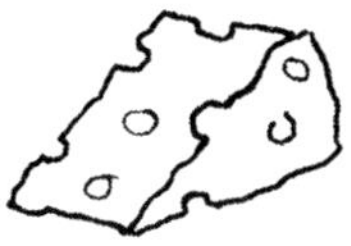

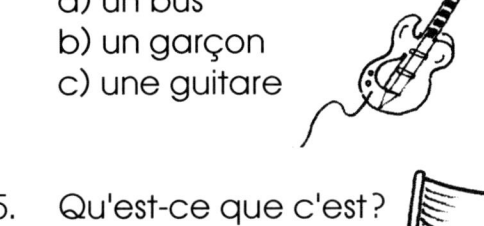

11. Qu'est-ce que c'est?
    a) un magazine
    b) un restaurant
    c) une personne

12. Qu'est-ce que c'est?
    a) un magazine
    b) des baskets
    c) une personne

La ville

Try out this town quiz on a classmate.

1. Pour prendre le train, je vais …
   - a) à la poste
   - b) à l'école
   - c) à la gare

2. Pour voir un match de football, je vais …
   - a) au musée
   - b) au stade
   - c) au marché

3. Pour acheter une baguette, je vais …
   - a) à la banque
   - b) à l'école
   - c) à la boulangerie

4. Pour manger, je vais …
   - a) à l'hôpital
   - b) à la rivière
   - c) au restaurant

5. Pour nager, je vais …
   - a) à la piscine
   - b) à la poste
   - c) à la banque

6. Pour voir des peintures ou des dinosaures, je vais …
   - a) à la gare
   - b) au café
   - c) au musée

7. Pour une jambe cassée, je vais …
   - a) au musée
   - b) à l'hôpital
   - c) à la boulangerie

8. Pour pêcher, je vais…
   - a) à la poste
   - b) à la banque
   - c) à la rivière

9. Pour apprendre et voir mes amis, je vais …
   - a) à l'école
   - b) à la gare
   - c) au marché

10. Pour acheter des médicaments, je vais …
    - a) à la pharmacie
    - b) au stade
    - c) au restaurant

11. Pour acheter du lait, du pain et des légumes, je vais …
    - a) au musée
    - b) à la banque
    - c) au supermarché

12. Pour déposer ou retirer de l'argent, je vais …
    - a) à la gare
    - b) à la banque
    - c) à la rivière

Vocablaire

déposer	to deposit	prendre	to take	acheter	to buy
voir	to see	pêcher	to fish	du lait	milk
retirer	to withdraw	manger	to eat	apprendre	to learn
du pain	bread	l'argent	money	nager	to swim
mes amis	my friends	Je vais	I go		
des légumes	vegetables	une jambe cassée	a broken leg		

68   **French Speaking Activities KS3**

Le ménage

Find out how often a classmate helps around the house!

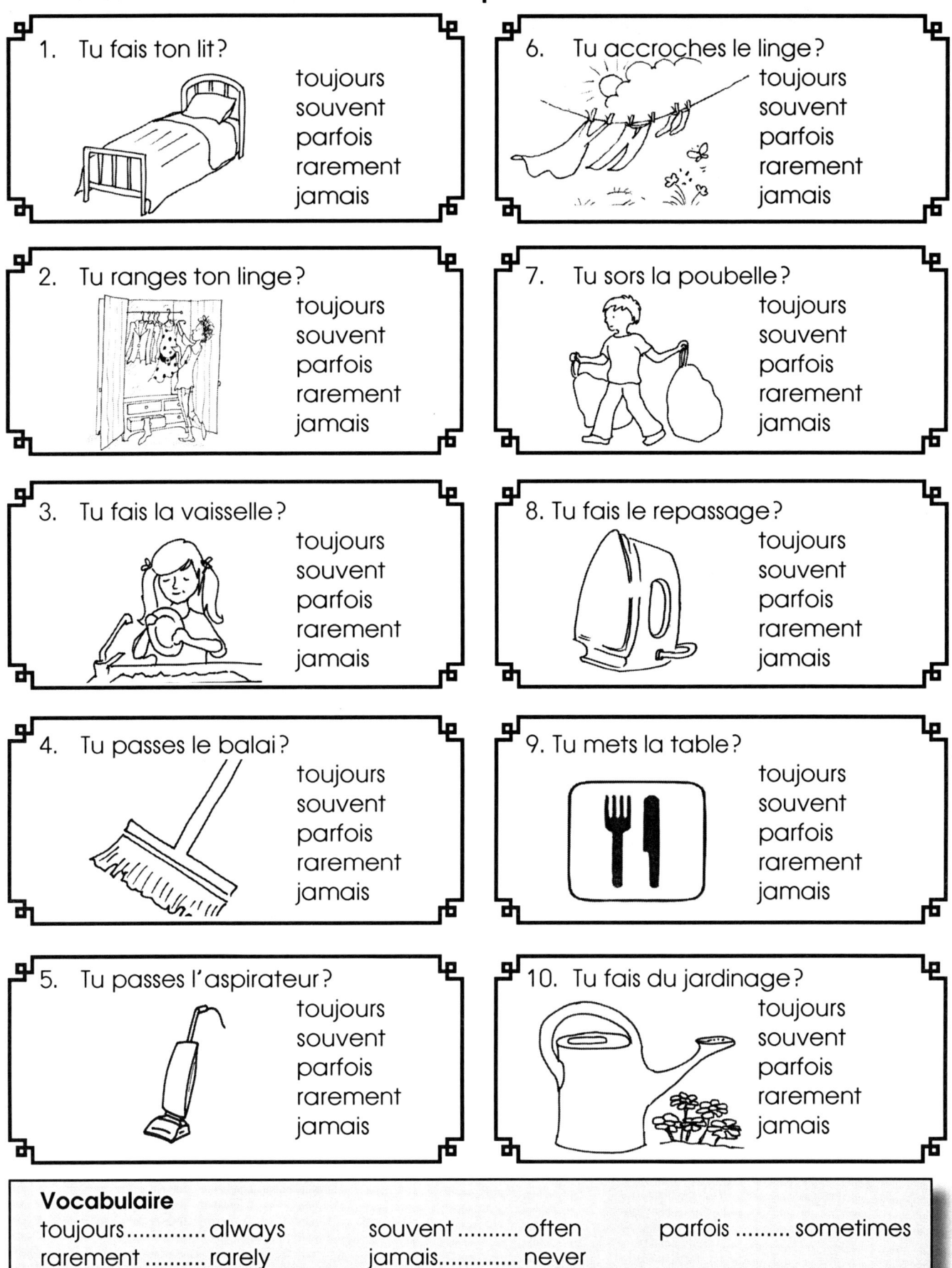

1. Tu fais ton lit ?
   toujours
   souvent
   parfois
   rarement
   jamais

2. Tu ranges ton linge ?
   toujours
   souvent
   parfois
   rarement
   jamais

3. Tu fais la vaisselle ?
   toujours
   souvent
   parfois
   rarement
   jamais

4. Tu passes le balai ?
   toujours
   souvent
   parfois
   rarement
   jamais

5. Tu passes l'aspirateur ?
   toujours
   souvent
   parfois
   rarement
   jamais

6. Tu accroches le linge ?
   toujours
   souvent
   parfois
   rarement
   jamais

7. Tu sors la poubelle ?
   toujours
   souvent
   parfois
   rarement
   jamais

8. Tu fais le repassage ?
   toujours
   souvent
   parfois
   rarement
   jamais

9. Tu mets la table ?
   toujours
   souvent
   parfois
   rarement
   jamais

10. Tu fais du jardinage ?
    toujours
    souvent
    parfois
    rarement
    jamais

Vocabulaire

toujours .... always	souvent .... often	parfois .... sometimes
rarement .... rarely	jamais .... never	

Faire des phrases

Faire des phrases	**Making sentences**	
Les animaux	Animals	71
Le temps et les vêtements	Weather and clothes	72
Les verbes 1	Verbs 1	73
Les verbes 2	Verbs 2	74
Les matières	School subjects	75

70 **French Speaking Activities KS3** © Sinéad Leleu and Brilliant Publications

Les animaux

Cut out the boxes and make as many sentences as you can using at least one box from each section. For example, 'La tortue est lente'. Read a sentence out for your class.

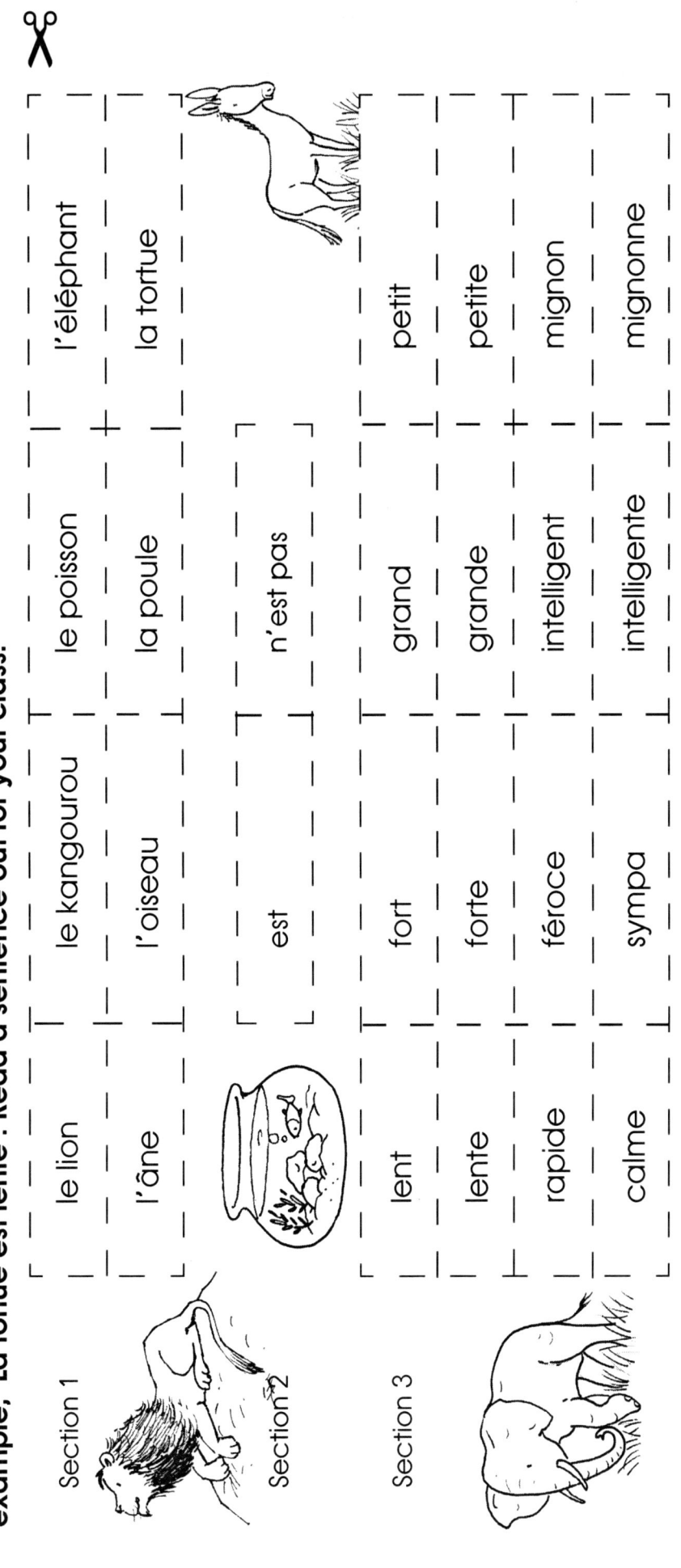

Section 1

le lion	le kangourou	le poisson	l'éléphant
l'âne	l'oiseau	la poule	la tortue

Section 2

est	n'est pas

Section 3

lent	fort	grand	petit
lente	forte	grande	petite
rapide	féroce	intelligent	mignon
calme	sympa	intelligente	mignonne

Vocabulaire

est ……… is	n'est pas…. isn't	fort(e)…strong	l'oiseau……. bird
féroce …fierce	grand(e)… big	le lion…..lion	le kangourou…kangeroo
sympa …nice	lent(e) ……. slow	la tortue. tortoise	l'éléphant …. elephant
petit(e). small		le poisson…. fish	
		la poule …... chicken	
		mignon(ne) cute	

© Sinéad Leleu and Brilliant Publications
This page may be photocopied for use by the purchasing institute only.

French Speaking Activities KS3   71

Le temps et les vêtements

Cut out the boxes and make as many sentences as you can using at least one box from each section. For example, 'L'hiver, il neige'. Read a sentence out for your class.

Section 1

| L'été (summer/in summer) | Le printemps (spring/in spring) | L'hiver (winter/in winter) | L'automne (autumn/in autumn) |

Section 2

| il | il fait |

Section 3

| froid | chaud | beau | pleut |

| gèle | du soleil | neige | du vent |

72   **French Speaking Activities KS3**   © Sinéad Leleu and Brilliant Publications

This page may be photocopied for use by the purchasing institute only.

Les verbes 1

Cut out the boxes and make as many sentences as you can using at least one box from each section. For example, 'Camille boit un coca'. Read out one of your sentences for your class.

Section 1

| Gabrielle | Hugo | Gwenola | Martin | Camille | Alex |

Section 2

| mange | regarde | fait | boit | lit | écoute |

Section 3

la radio	la télé	une pomme	un CD
un coca	un film	la musique	une glace
une chanson	un magazine	un livre	un DVD
un sandwich	des frites	un jus d'orange	la natation
la cuisine	un café	ses devoirs	du vélo

Vocabulaire

mange .... eats/is eating	regarde .... watches/is watching
fait .... makes/is making	boit .... drinks/is drinking
lit .... reads/is reading	écoute .... listens to/is listening to
la radio .... the radio	la télé .... the television
une pomme .. an apple	un CD .... a CD
un coca .... coca cola	un film .... a film
la cuisine .... the kitchen	la musique .... music
un café .... a coffee	une glace ..... an ice-cream
une chanson . a song	ses devoirs .... their homework
un magazine . a magazine	du vélo .... a bike
un livre .... a book	un DVD .... a DVD
un sandwich .. a sandwich	des frites .... chips
la natation ..... swimming	

Les verbes 2

Cut out the boxes and make as many sentences as you can using at least one box from each section for example, 'J'ai un chien'. Read out one of your sentences for your class.

Section 1

| Je suis (I am) | J'ai (I have) | Je fais (I make/I'm making) | Je veux (I want) | Je vois (I see) |

Section 2

un garçon	drôle	un chocolat chaud	un coca	un chien
une fille	un CD	un gâteau	une chaise	un livre
un chat	le soleil	une guitare	un lapin	une pizza

74 French Speaking Activities KS3

© Sinéad Leleu and Brilliant Publications
This page may be photocopied for use by the purchasing institute only.

Les matières

Cut out the boxes and make as many sentences as you can using at least one box from each section for example, 'J'adore le dessin parce que c'est amusant'. Read a sentence out for your class.

Section 1

| J'adore | J'aime | Je n'aime pas | Je déteste |

Section 2

| les maths | l'anglais | l'histoire | la géographie |

| la musique | le sport | le dessin | les sciences |

| le français | la récréation | la peinture | l'éducation civique |

| l'espagnol | la natation | l'informatique |

Section 3

| parce que c'est |

Section 4

| facile | difficile | intéressant | ennuyeux | amusant |

Vocabulaire

J'adore ...... I love
amusant ..... fun
facile .... easy
difficile .... difficult
l'espagnol .. Spanish

Je déteste .... I hate
ennuyeux ..... boring
grand(e) ...... big
intéressant .... interesting
la peinture ... painting

Je n'aime pas .... I don't like
parce que c'est ... because it's
la natation .... swimming
l'informatique .... computers
la récréation .... break time

Les jeux

Les jeux	**Games**	
Les émotions et les sentiments 1	Emotions 1	77
Les émotions et les sentiments 2	Emotions 2	78
À manger, j'aime …	Food, I like …	79
La salle de classe	The classroom	80
Qui suis-je? 1	Who am I? 1	81
Qui suis-je? 2	Who am I? 2	82–85

Les émotions et les sentiments 1

In pairs, fill in the blanks using the vocabulary in the word bank at the bottom of this page. Then, look at your page for two minutes and memorize as much as you can. One person turns their page over. The second person calls one of the eight names below and the first person has to remember what the feeling was. (There is a clue in the first letter of each name and feeling.)

1 Henri est _____!

2 Tanya est _____!

3 François est _____!

4 Stéphane est _____!

5 Hélène est _____!

6 Marine est _____!

7 Charles est _____!

8 Sophie est _____!

Word bank			
triste	choqué	heureux	surpris
fatigué	malade	surprise	heureuse

© Sinéad Leleu and Brilliant Publications
This page may be photocopied for use by the purchasing institute only.

French Speaking Activities KS3

Les émotions et les sentiments 2

In pairs, fill in the blanks using the vocabulary in the word bank at the bottom of this page. Then, look at your page for two minutes and memorize as much as you can. One person turns their page over. The second person calls one of the eight names below and the first person tries to remember the feeling. (There is a clue in the first letter of each name and feeling.)

1.  Franck a _____ !

2.  Charlie a _____ !

3.  Paul a _____ !

4.  Pierre est _____ !

5.  Serge a _____ !

6.  Frédéric a _____ !

7.  Robert est _____ !

8.  Christophe est _____ !

Word bank.

| chaud | en retard | soif | froid |
| en colère | peur | faim | perplexe |

French Speaking Activities KS3 © Sinéad Leleu and Brilliant Publications
This page may be photocopied for use by the purchasing institute only.

À manger, j'aime …

How well do you know your classmates' tastes in food? Guess who wrote which sentence!

Draw lines to match up the words to the correct picture. Complete the sentences below. Don't let anybody else see your sentences. Your teacher will pick five people to stand at the top of the classroom and then pick a sixth person. The sixth person takes the sentences from the five people, mixes them up and then reads them out. The class tries to guess who wrote which sentence.

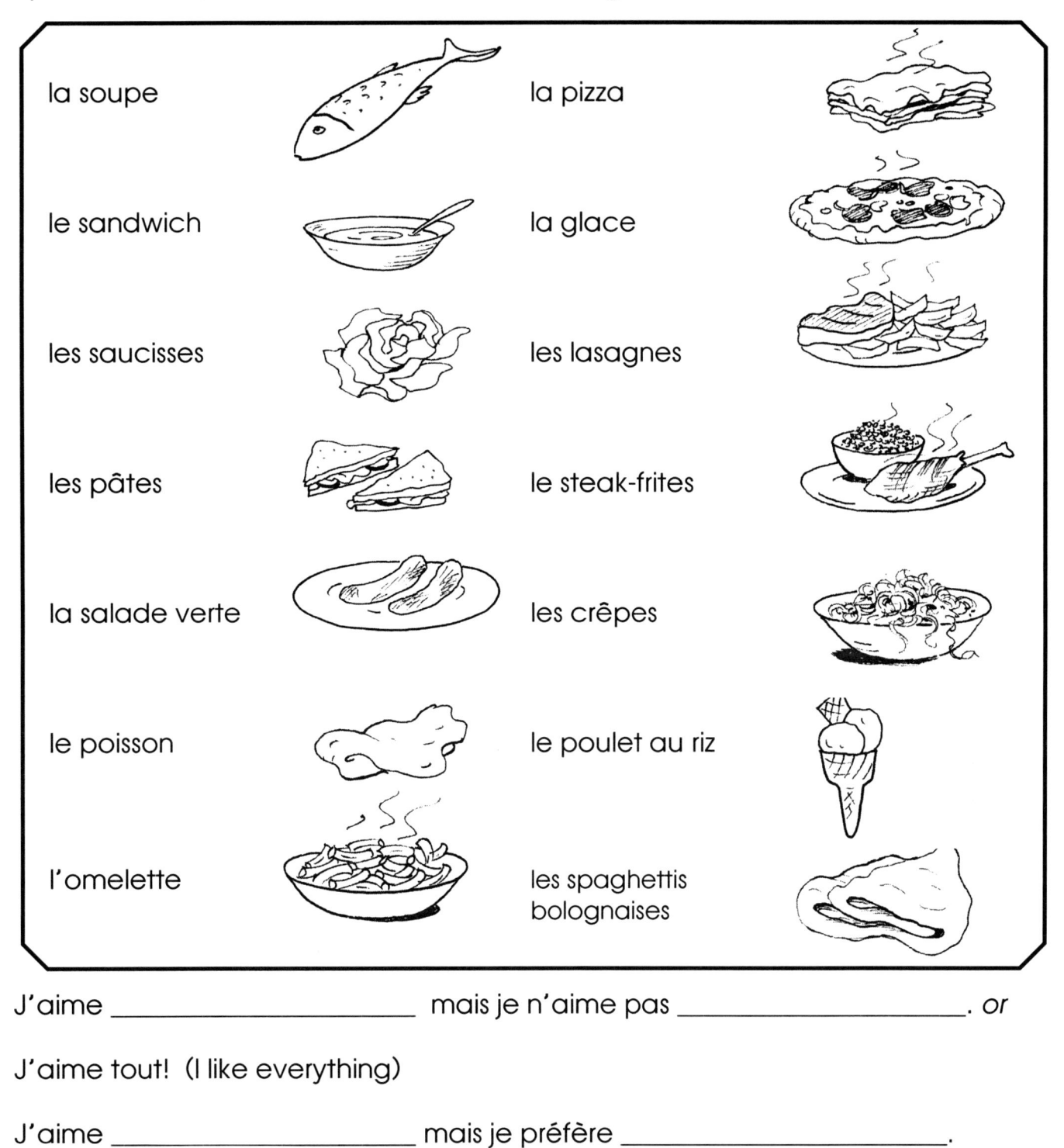

la soupe		la pizza	
le sandwich		la glace	
les saucisses		les lasagnes	
les pâtes		le steak-frites	
la salade verte		les crêpes	
le poisson		le poulet au riz	
l'omelette		les spaghettis bolognaises	

J'aime _____ mais je n'aime pas _____. *or*

J'aime tout! (I like everything)

J'aime _____ mais je préfère _____.

© Sinéad Leleu and Brilliant Publications   **French Speaking Activities KS3**

La salle de classe

Complete the words. Use the vocabulary in the word bank at the bottom of the page to help you. Work in pairs. You have two minutes to memorize this classroom. When two minutes are up, turn the page upside down and one person names as many item as they can. Then swap over and the other person tries to name as many items as possible.

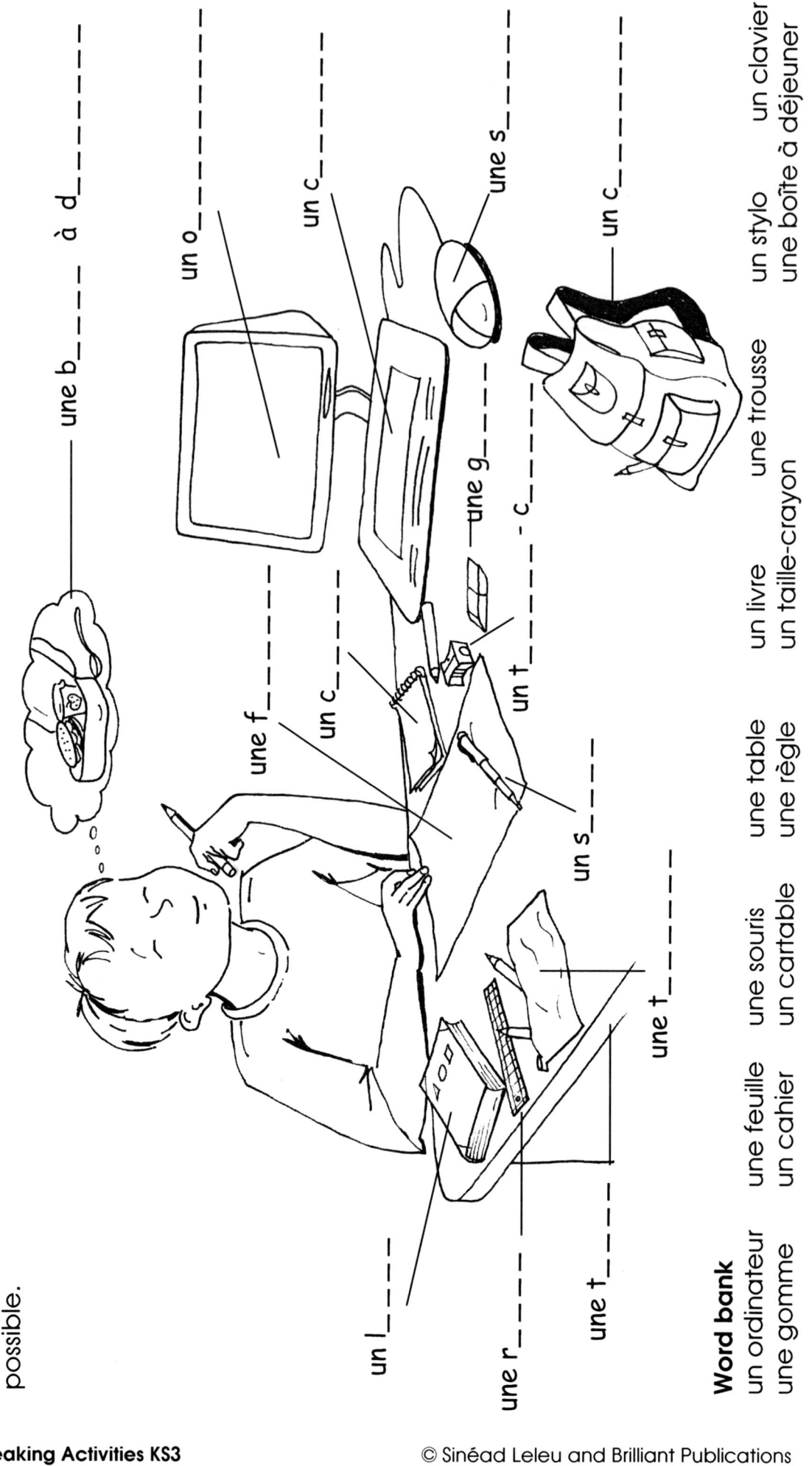

une b____ à d____

un o_____

un c_____

une s_____

un c_____

une b_____

une g____

un c_____

une f_____

un t____ - c____

un s____

un t____

une t____

une r____

un l____

Word bank

un ordinateur	une feuille	une souris	une table	un stylo	un clavier
une gomme	un cahier	un cartable	une règle	une trousse	une boîte à déjeuner
				un livre	
				un taille-crayon	

80 French Speaking Activities KS3 © Sinéad Leleu and Brilliant Publications

This page may be photocopied for use by the purchasing institute only.

Qui suis-je? 1

Pretend you are somebody else in the class. Describe yourself using the sentences below.

Your class has to try to guess who you are.

Bonjour!

J'ai _____ ans.

J'ai les yeux _____.

J'ai les cheveux _____.

J'aime _____ et

_____.

Je n'aime pas _____.

Use the following to help you.

J'ai les yeux ...

    verts   noisette   marron
    blues   gris

J'ai les cheveux ...

    bruns   châtains   roux   noirs
    blonds   courts   raides   bouclés

Vocabulaire

les animaux .... animals	le foot .... football	lire .... to read
danser .... to dance	la musique ... music	l'école .... school
mes amis .... my friends	la glace .... ice-cream	chanter .... to sing
la télé .... TV	la natation ... swimming	dessiner .... to draw
la nature .... nature	le basket ...... basketball	peindre .... to paint
la mode .... fashion	les devoirs .... homework	le fromage .. cheese
faire la cuisine .. cooking	le cinéma ..... cinema	

Qui suis-je? 2

Your teacher will give a pupil in your class a new identity! Guess what/who they are by asking questions using the list below to help you. The person with the name can only say 'oui', 'non' or 'je ne sais pas'. Have fun! Amusez-vous!

Est-ce que tu es…
- un objet
- un animal
- une personne
- un poisson
- un oiseau

Est-ce que tu es…
une fille	grand(e)	anglais(e)	acteur
un garçon	petit(e)	écossais(e)	actrice
un homme	gros(se)	gallois(e)	chanteur
une femme	mince	irlandais(e)	chanteuse
un enfant	célèbre	américain(e)	sportif
un adolescent	mort(e)	français(e)	sportive
un adulte	vivant(e)	australien(ne)	homme politique
un caractère	drôle	canadien(ne)	femme politique
inventé			écrivain(e)

Est-ce que tu es un caractère dans …
- une histoire
- un film
- une série télé
- un livre
- une bande desinée
- un dessin animé

noir(e)
blanc(he)
marron
rose
vert(e)
bleu(e)
rouge
jaune
orange

Est-ce que tu as…
	noirs	courts	frisés
	bruns	longs	bouclés
les cheveux	blonds	mi-longs	ondulés
	roux	raides	

les yeux
- bleus
- marron
- gris
- verts
- noisette

une _____ barbe
une _____ moustache
des lunettes
quatre pattes
des ailes

Est-ce que tu habites …
- dans une maison — en Angleterre
- dans un château — en Écosse
- dans l'eau — au Pays de Galles
- à la ferme — en Irlande
- dans la jungle — aux États-Unis

Est-ce que tu joues …
- au rugby
- au foot
- au basket
- pour _____
- au tennis
- pour l'Angleterre

Est-ce que tu chantes …
- en soliste
- en groupe

Qui suis-je? 2 – Vocabulaire additionnel
For page 83

Est-ce que tu es .... Are you ...
- un objet .... an object
- un poisson .... a fish
- un animal .... an animal
- une personne .... a person
- un oiseau....................... a bird

Est-ce que tu es .... Are you ...

une fille .... girl	grand(e)............. tall/big
un garçon .... boy	petit(e)............... mall
un homme .... a man	gros(se) .... fat
une femme .... a woman	mince .... thin
un enfant .... a child	célèbre .... famous
un adolescent .... an adolescent	mort(e)............... dead
un adulte .... an adult	vivant(e)............. alive
un caractère inventé... an invented character	drôle .... funny

Est-ce que tu es ... Are you ...

anglais(e) .... English	acteur................... actor	noir(e) .... black
écossais(e) .... Scottish	actrice.................. actress	blanc(he) .. white
gallois(e)........... Welsh	chanteur .... singer	marron....... brown
irlandais(e) .... Irish	chanteuse............ singer	rose .... pink
américain(e).... American	sportif.................. sportsman	vert(e)........ green
français(e)........ French)	sportive................ sportswoman	bleu(e)....... blue
australien(ne) .. Australian	homme politique . politician(m)	rouge .... red
canadien(ne) Canadian	femme politique .. politician(f)	jaune.......... yellow
	écrivain(e) .... writer	orange....... orange

Est-ce que tu as ...   Do you have ...

les cheveux...... hair	noirs......... black	courts..... short	frisés .... very curly
	bruns .... brown	longs ...... long	bouclés . curly
	blonds..... blonde	mi-longs. shoulder-length	
	roux .... red	raides..... straight	ondulés . wavy
les yeux............ eyes	bleus........ blue	marron... brown	
	gris........... grey	verts .... green	
	noisette... hazel		

- des lunettes........... glasses
- quatre pattes........ four paws
- une barbe............. a beard
- une moustache.... a moustache
- des ailes................. wings
- un queue.............. a tail

Qui suis-je? 2 – Vocabulaire additionnel
For page 83

Est-ce que tu habites ...   Do you live
- dans une maison .... in a house
- dans un château ...... in a castle
- dans l'eau .... in water
- à la ferme .... on the farm
- dans la jungle .... in a jungle
- en Angleterre .... in England
- en Écosse .... in Scotland
- au Pays de Galles ..... in Wales
- en Irlande .... in Ireland
- aux Etats-Unis .... in the USA

Est-ce que tu es un caractère dans ... ?   Are you a character in ... ?
- une histoire .... a story
- un film .... a film
- une série télé .... a TV series
- un livre .... a book
- une bande desinée. a comic strip
- un dessin animé ...... a cartoon

Est-ce que tu chantes ...   Do you sing ... ?
- en soliste .... alone
- en groupe .... in a group

Est-ce que tu joues ...   Do you play ...
- au foot .... football
- au basket .... basketball
- au rugby .... rugby
- au tennis .... tennis
- pour l'Angleterre ..... for England
- pour .... for

Qui suis-je? 2 – Idées

Below are some suggestions of the types of identities you could choose for the pupil.

1. A child in the class

2. A teacher in the school

3. Politicians the children are familiar with, eg. Le Premier Ministre (Prime Minister) Le Président des Etats-Unis (President of USA)

4. Writers the children are familiar with, eg. Roald Dahl
   Jacqueline Wilson
   J.K. Rowling

5. Members of the royal family

6. Sports personalities the children are familiar with, eg. Capitaine de l'équipe de foot de l'Angleterre (Captain of the English football team)

   Capitaine de _____

7. Singers the children are familiar with

8. TV characters the children are familiar with eg. Bart Simpson

9. Fairy tale/story/movie characters, eg:
   Cedrillion (Cinderella)
   Blanche Neige (Snow White)
   Raiponce (Rapunzel)
   Aladin (Aladdin)
   La petite sirène (the little mermaid)
   La belle au bois dormant (Sleeping Beauty)
   Winnie l'ourson (Winnie the Pooh)
   Clochette (Tinkerbell)
   Le Petit Chaperon Rouge (Little Red Riding Hood)
   Pinocchio
   Dorothée dans Le Magicien d'Oz (Wizard of Oz)
   Tarzan
   Alice au Pays des Merveilles (Alice in Wonderland)

   Harry Potter
   Mary Poppins
   Scooby-Doo
   Superman
   Batman
   Spiderman
   Peter Pan
   Tigrou (Tigger)
   Dumbo
   Heidi
   Mickey Mouse

Réponses (Answers)

Être (page 31)

1. Je **suis**: Tu **es**: Il / Elle **est**:
Nous **sommes**: Vous **êtes**:
Ils / Elles **sont**

2.
Maman	Allô!
Chloé	Salut, Maman!
Maman	Bonjour, Chloé!
Chloé	Où es-tu?
Maman	Je ___**suis**___ au supermarché.
Chloé	Oh! Tu ___**es**___ au supermarché! Moi, je suis au cinéma. Je suis avec Marianne.
Maman	Pardon??? Vous __**êtes**__ au cinéma?
Chloé	Oui, nous ___**sommes**___ au cinéma.
Maman	Où est ta petite sœur?
Chloé	Elle __**est**___ avec Papa.
Maman	Où est Papa?
Chloé	Il __**est**___ au guichet.
Maman	Super! Amusez-vous!
Chloé	Merci, Maman. A plus tard!
Maman	A plus tard, Chloé!

Avoir (page 33)

2. **J'ai** un nouveau ballon.
   Wow! **Tu as** un nouveau ballon!
3. Regarde! **Il a** un nouveau ballon.
4. Non! **Nous avons** un nouveau ballon.
5. Oui! **Nous avons** un nouveau ballon.
   Wow! **Vous avez** un nouveau ballon.

Le corps 1 (page 34)

Match the sentence to the correct picture.

J'ai mal au genou!	Sore knee
J'ai mal aux dents!	Tooth ache
J'ai mal au pied!	Sore foot
J'ai la varicelle!	I have chicken pox
J'ai mal à la tête!	Headache
J'ai mal au doigt!	Sore finger
Je suis enrhumé!	I have a cold
J'ai de la fièvre!	I have a fever
J'ai mal à l'oreille!	Sore ear
J'ai mal au nez!	Sore nose
J'ai mal au bras!	I have a sore arm
J'ai mal au ventre!	I have stomach ache
J'ai mal partout!	I'm sore all over
Je suis malade!	I feel sick
J'ai mal à l'œil!	I have a sore eye
J'ai mal à la jambe!	I have a sore leg

Au marché (page 36)

M:	Bonjour, Madame.
C:	Bonjour, Monsieur.
M:	Vous désirez?
C:	Je voudrais deux kilos de tomates, une laitue et un concombre, s'il vous plaît.
M:	Avec ceci?
C:	C'est tout.
M:	Voilà. Ça fait __ euros, s'il vous plaît.
C:	Merci, Monsieur.
M:	Merci, Madame, au revoir.
C:	Au revoir, Monsieur.

Le temps & les vêtements
(page 39–40)
Match the word to the correct picture.

Les vêtements	The clothes
un jean	jeans
des sandales	sandals
un pull	jumper
un pyjama	pyjamas
des baskets	trainers
un t-shirt	t-shirt
une jupe	skirt
une casquette	cap
un bonnet	hat
une veste	jacket
des chaussettes	socks
une chemise	blouse
un manteau	coat
une robe	dress
des chaussures	shoes
un pantalon	trousers
un short	shorts
une écharpe	scarf

Le temps	The weather
il fait beau	It's fine
il fait froid	It's cold
il fait chaud	It's hot
il fait du soleil	It's sunny
il fait du vent	It's windy
il gèle	It's icy
il neige	It's snowig
il pleut	It's raining

Ma recette de pizza! 1 (page 51)

de la pâte à pizza	pizza dough
des olives vertes	green olives
du steak haché	minced meat
du jambon blanc	cooked ham
du poulet	chicken
du maïs	sweetcorn
sel et poivre	salt and pepper
de l'ananas	pineapple
des tomates	tomatoes
des champignons	mushrooms
de la sauce tomate	tomato sauce
des pepperoni	pepperoni
des œufs	eggs
des olives noires	black olives
du fromage râpé	grated cheese
des oignons	onions

Les animaux (page 59)
1c 2c 3b 4b 5a 6c 7a
8c 9b 10a 11c 12b

Les couleurs (page 61)
1b 2c 3a 4b 5c 6a 7c
8c 9b 10b 11c 12a 13b 14a

Les vacances (page 62)
1b 2a 3c 4a 5a 6c 7b
8c 9a 10c 11a 12c 13a 14b

Les pays et les villes (page 66)
1b 2a 3a 4c 5a 6a 7c
8b 9b 10c

Les noms (page 67)
1a 2a 3c 4c 5b 6a 7a
8b 9c 10c 11b 12b

La ville (page 68)
1c 2b 3c 4c 5a 6c 7b
8c 9a 10a 11c 12b

Les émotions et les sentiments 1 & 2

Les émotions et les sentiments 1 (page 77)
1. Henri est heureux!
2. Tanya est triste!
3. François est fatigué!
4. Stéphane est surpris!
5. Hélène est heureuse!
6. Marine est malade!
7. Charles est choqué!
8. Sophie est surprise!

Les émotions et les sentiments 2 (page 78)
1. Franck a faim!
2. Charlie a chaud!
3. Paul a peur !
4. Pierre est perplexe!
5. Serge a soif!
6. Frédéric a froid!
7. Robert est en retard!
8. Christophe est en colère!

A manger, j'aime ... (page 79)

la soupe	bowl of soup
la pizza	pizza
le sandwich	sandwich
la glace	ice-cream
les saucisses	some sausages
les lasagnes	some lasagne
les pâtes	pasta
le steak-frites	steak and chips
la salade verte	green salad
les crêpes	some pancakes
le poisson	fish
le poulet au riz	chicken and rice
l'omelette	omelette
les spaghettis bolognaises	spaghetti bolognaise

Ma salle de classe
(Page 80)

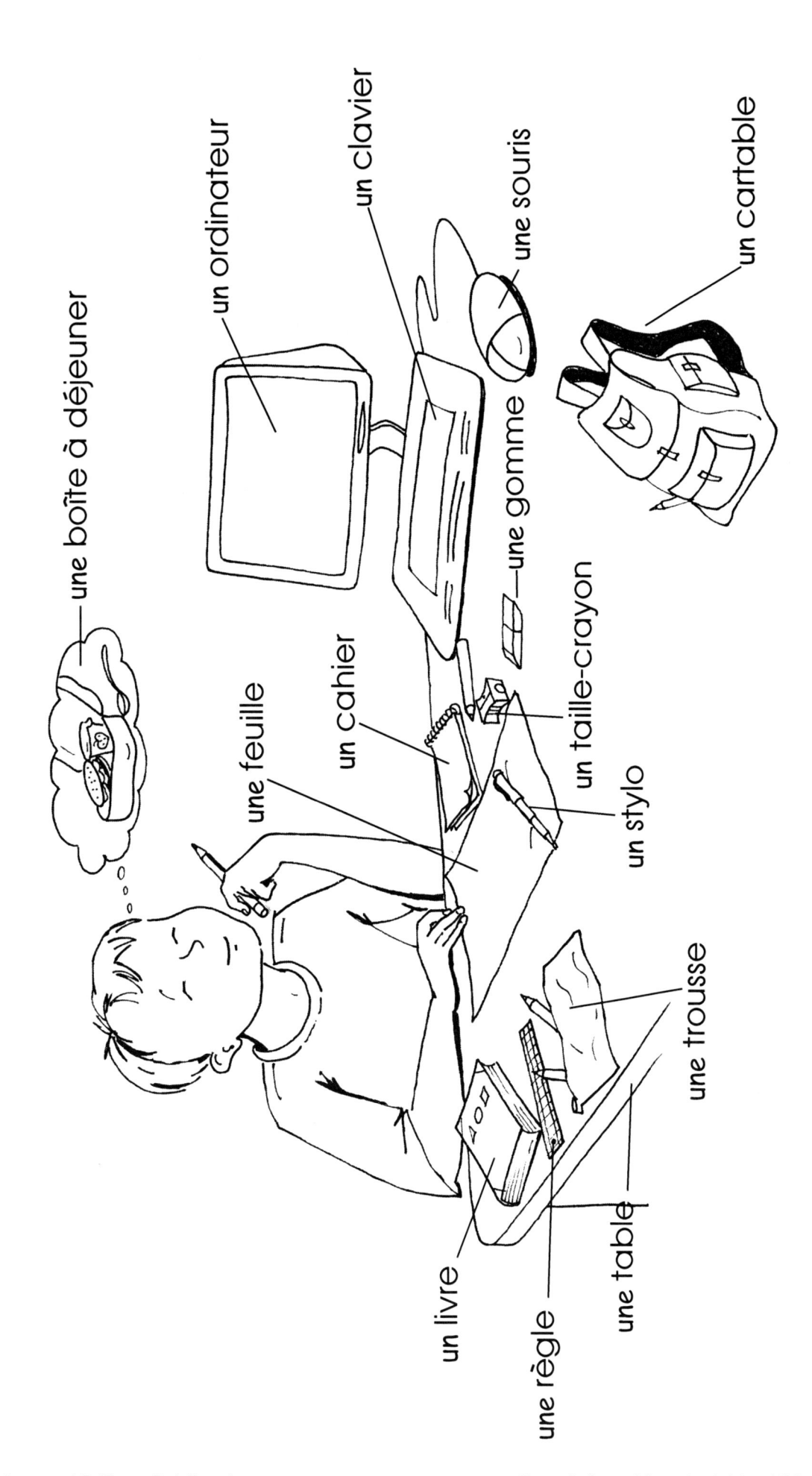

- une boîte à déjeuner
- un ordinateur
- un clavier
- une souris
- un cartable
- une feuille
- un cahier
- une gomme
- un taille-crayon
- un stylo
- un livre
- une règle
- une table
- une trousse

© Sinéad Leleu and Brilliant Publications

French Speaking Activities KS3